AF460667

COLLECTION DE M. B. REY

OBJETS D'ART

ET DE

HAUTE CURIOSITÉ

DU MOYEN AGE ET DE LA RENAISSANCE

SCULPTURES

EN BOIS PIERRE ET MARBRE

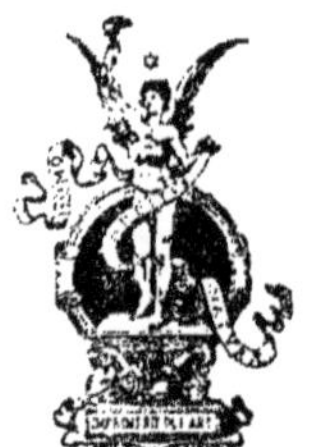

LE PRÉSENT CATALOGUE A ÉTÉ DRESSÉ PAR

M. E. MOLINIER

CONSERVATEUR HONORAIRE DES MUSÉES NATIONAUX

CATALOGUE

DES

OBJETS D'ART

ET DE

HAUTE CURIOSITÉ

DU MOYEN AGE ET DE LA RENAISSANCE

BOIS SCULPTÉS

PIERRES, MARBRES

OBJETS DIVERS — CIRES — TAPISSERIES

Composant la Collection de M. B. REY

ET DONT LA VENTE AURA LIEU, A PARIS

GALERIE GEORGES PETIT, 8, Rue de Sèze

Les Vendredi 2 et Samedi 3 Juin 1905

à deux heures

COMMISSAIRE-PRISEUR	EXPERTS
Mᵉ PAUL CHEVALLIER	**MM. MANNHEIM**
10, rue de la Grange-Batelière	7, rue Saint-Georges

EXPOSITIONS

PARTICULIÈRE : *Le Jeudi 1ᵉʳ Juin 1905, de dix heures et demie à midi;*
PUBLIQUE : *Le même Jour, 1ᵉʳ Juin, de une heure et demie à cinq heures et demie.*

ORDRE DES VACATIONS

Le Vendredi 2 Juin 1905

Objets variés	1 à 31
Cires	32 à 37
Bois sculptés (Partie des)	38 à 99

Le Samedi 3 Juin 1905

Bois sculptés (Suite des)	100 à 161
Marbres, Pierres	162 à 172
Métaux variés	173 à 184
Tapisseries, Broderies	185 à 193

CONDITIONS DE LA VENTE

Elle sera faite au comptant.

Les acquéreurs payeront *dix pour cent* en sus des prix d'adjudication.

L'exposition mettant le public à même de se rendre compte de l'état et de la nature des objets, aucune réclamation ne sera admise une fois l'adjudication prononcée.

Paris. — Imp. de l'Art, E. Moreau et Cie, 41, rue de la Victoire.

AVANT-PROPOS

La Collection de M. B. Rey présente une particularité assez rare; elle est presqu'entièrement composée d'œuvres de sculpture, en pierre ou en bois. On pourra discuter ou faire ressortir le mérite des objets d'art qui la composent; mais son existence même marque une évolution dans la mode de la curiosité, une orientation nouvelle, le désir de former une série historique dont les spécimens n'entraient pas jusqu'ici pour une proportion aussi forte dans la collection d'un amateur. C'est la première Collection mise en vente où s'affirment clairement des tendances, dont les premières manifestations remontent plus loin qu'on ne le croit généralement. Une Collection parisienne fort importante, passée à l'étranger presque tout entière il y a quelques années, Collection dont les débuts remontaient au règne de Louis-Philippe, offrait une proportion sensiblement la même par le nombre des œuvres de sculptures qui y avaient pris place, comparativement au nombre des autres œuvres d'art qui en faisaient partie. Mais cette proportion s'expliquait par ce fait que l'amateur, très épris de l'art au Moyen âge, avait dû, faute de larges ressources, se consacrer à des œuvres que personne ne songeait à recueillir. Ne pouvant acheter les orfèvreries trop chères pour sa modeste bourse, il avait dû se rabattre sur les bois, les pierres ou les marbres, dont quelques artistes seulement soupçonnaient l'immense signification artistique. Mais ce n'est point ici le cas : la présente Collection procède d'un goût déterminé pour l'art plastique, à l'exclusion, pour ainsi dire, de tout autre manifestation d'art.

Nous n'avons point la prétention, en ces quelques lignes de préface, de refaire sous une autre forme le Catalogue détaillé de la Collection. On nous permettra toutefois de signaler à l'attention des amateurs de sculpture du Moyen âge principalement — et ils commencent à être nombreux — un certain nombre de monuments. Les uns sont intéressants, parce qu'on peut les considérer comme des types, des jalons précieux à recueillir pour les historiens de la sculpture; les autres ont un intérêt artistique véritable, sur lequel il me sera permis d'insister, bien que cet intérêt soit facilement compréhensible pour tous les amateurs.

Il est encore un autre trait caractéristique de cette réunion de sculptures. Le collectionneur ne s'est appliqué à réunir ni les sculptures d'une certaine époque, ni d'une région déterminée : ses investigations se sont portées tantôt sur des œuvres du XIIe ou du XIIIe siècle, tantôt sur des œuvres du XVIIe et du XVIIIe siècle. Très éclectique au point de vue des dates, il ne s'est point montré moins large au point de vue de la nationalité et de l'origine des spécimens qu'il recueillait; si l'art français y tient pour le Moyen âge, et ce n'est que justice, une fort large place, les spécimens de l'art flamand, allemand, suisse, italien ou espagnol, y sont aussi très nombreux. C'est qu'en vérité pour tout collectionneur avisé qui veut que de sa Collection ressorte en quelque sorte un enseignement, on ne peut imposer de frontières aux manifestations artistiques d'une époque, et il est particulièrement intéressant et suggestif de voir ce qu'est devenu le type primordial *créé dans une contrée bien déterminée, quand ce type a été imité dans les pays voisins. Une telle Collection a donc été créée — en raccourci sans doute — avec les mêmes idées qui devraient présider à la formation d'un Musée public.*

Comme bien on pense, dans une Collection de ce genre, c'est l'art religieux qui domine les hautes époques du Moyen âge, sauf de très rares exceptions, ne nous ayant guère légué que des œuvres de plastique destinées à la décoration des édifices du culte.

La série des bois débute par deux images de la Vierge (n°s 38 et 39), dont l'une tout au moins appartient encore à l'art roman, l'autre reproduisant peut-être à une date plus récente un type créé au XIIe siècle. Sans doute, de pareilles œuvres ne sont pas exemptes de certaines gaucheries d'exécution; c'est la menue monnaie de la décoration monumentale dont on ne peut que très exceptionnellement réunir des spécimens dans des Collections ou des Musées. Il faut donc s'en contenter, d'autant que ce sont des œuvres très caractéristiques, dont, dans certaines contrées, on a poursuivi traditionnellement la fabrication pendant plusieurs siècles. On retrouve les mêmes types, à peine différenciés par quelques détails d'exécution et dans la France centrale et en Espagne, où vraisemblablement ils ont subi le même destin, celui d'être reproduits jusqu'à une époque où le style gothique avait atteint sa maturité. Un tel fait n'est pas utile à signaler au seul point de vue artistique; on y constate une influence indéniable de l'iconographie sur des formules d'art, qui, par respect pour une tradition religieuse, sont devenues, pour ainsi dire, immuables. De ces survivances iconographiques, on trouverait encore — sans sortir de la Collection — un témoignage dans cette sculpture d'un artiste du

XVᵉ siècle, qui représente, d'après un ancien type, par une gueule de Léviathan (nº 45), l'entrée de l'Enfer ou, plus exactement, les limbes où le Christ vient délivrer l'âme des patriarches et des Justes de l'Ancienne Loi.

Mais on ne peut s'attarder ici à des curiosités iconographiques. Il me faut surtout signaler les mérites artistiques de certaines pièces.

Une grande statue de saint Jean-Baptiste, en bois de noyer (nº 60), qui figura en bonne place à l'Exposition des Primitifs l'an dernier, me paraît un bon spécimen de l'art bourguignon, dégagé des formules un peu courtes et trapues du début du XVᵉ siècle, mais conservant dans l'allongement élégant des formes une suprême habileté à draper les étoffes de laine, aux plis sobres et lourds. L'image du précurseur, thème si fréquent dans l'art français et dans l'art italien du XVᵉ siècle, est une de celles dont la série est la plus intéressante à étudier; mais il est à remarquer qu'en France, c'est surtout le saint Jean, à la fin de sa carrière, que les artistes ont représenté, tandis que les Italiens, et en particulier les Florentins, se sont évertués à traduire sa physionomie à tous les âges, depuis le saint Jean enfant jusqu'au mangeur de sauterelles émacié par les jeûnes et les méditations.

Il y a peut-être une dose d'art flamand dans la figure de saint Jean qu'on vient de mentionner; mais cette dose est très faible. Tout au contraire une grande statue de la Vierge portant l'Enfant Jésus (nº 76), en bois de chêne, nous montre un type très complet d'art tout à fait flamand, d'une sculpture très largement traitée, mais dont la polychromie, dont elle était revêtue autrefois comme toutes ses congénères, devait atténuer l'apparente sévérité.

Un groupe fort curieux en bois peint : la Mort de la Vierge, traitée suivant les données iconographiques fournies par la Légende dorée *de Jacques de Voragine, excitera la curiosité des amateurs.*

C'est un spécimen fort rare de l'art suisse du XVᵉ siècle, très conventionnel assurément, mais qui, dans sa naïveté, est une œuvre tout à fait digne d'attention.

L'Allemagne du Sud au XVᵉ siècle a possédé, comme la région des bords du Rhin d'ailleurs, des écoles très brillantes et très fécondes de sculpteurs sur bois. Elles ont créé de grandes œuvres décoratives, dont les morceaux principaux, les grands retables en particulier, sont demeurés dans leur pays d'origine, mais dont de très nombreux fragments, dispersés un peu partout, permettent d'établir d'utiles comparaisons avec la sculpture française de la même époque. Ces œuvres de plastique, très caractérisées au point de vue des physionomies, n'ont peut-être pas, au point de vue du style des draperies, la largeur et la simplicité de conception des statues sculptées en Flandre et en France; mais on ne [illegible] 'empêcher d'admirer la dextérité que ces maîtres ont déployée pour tailler et contre-tailler les plis des étoffes qui, sous leurs mains, prennent un aspect chatoyant. Un saint Pierre de Vérone (n° 55), une sainte Catherine (n° 42), une sainte Barbe (n° 43), sont d'excellents spécimens de cet art qu'on rencontrait encore couramment il y a quelques années, mais qui se font de plus en plus rares depuis que les Musées en ont immobilisé un assez grand nombre.

De telles sculptures nous sont parvenues presque toujours incomplètes; par là, j'entends que presque toutes ont été dépouillées de leur polychromie primitive qui en achevait singulièrement le modelé et en augmentait le charme. Cela est très sensible, quand par hasard on rencontre des figures ou des bas-reliefs tout à fait intacts, ou du moins encore recouverts d'une polychromie déjà assez ancienne pour avoir pris des tons adoucis, qui donnent à tous les personnages une extraordinaire expression de vie. Des bas-reliefs, tels que les nos 84 et 85, une Flagellation et un Portement de croix, fragments probables d'un Chemin de la croix, peuvent donner, pour une date un peu plus récente, une idée assez juste de la polychromie et de ses avantages en sculpture. Mais, à ce point de vue, il faut surtout signaler une Mise au tombeau, œuvre française du commencement du XVIe siècle (n° 125), une Adoration des mages, d'art allemand (n° 79), et un très beau groupe flamand (n° 48), une Descente de croix, d'une bonne exécution et d'une bonne composition; ces morceaux peuvent donner une très heureuse idée de ce que peut être la polychromie appliquée à la sculpture sur bois. Beaucoup plus fréquents que les sculptures en pierre ayant gardé leur ancienne coloration, les groupes de bois sculpté, les retables, les figures isolées, peuvent nous donner un sentiment fort juste de ce qu'était la décoration de l'intérieur des églises. Je sais bien que le temps a atténué les tons de couleur, mais non les ors cependant, qui parfois ont gardé toute leur fraîcheur. La technique, très différente de celle qu'on emploie aujourd'hui dans les mêmes cas, ne semble pas avoir abouti à ces tons criards et discordants, dénués de toute harmonie que nous offre la décoration moderne appliquée aux mêmes objets, abstraction faite du style du dessin qui est aujourd'hui fort dissemblable, le plus souvent médiocre, et surtout dépourvu de caractère. L'exemple le plus frappant que l'on puisse citer du manque d'à-propos dans la polychromie moderne, réside dans les vitraux, et l'on sait les horreurs que de notre temps, sous le titre d'art religieux, on a perpétré en ce genre. Il ne parait pas cependant absolument impossible de produire, et avec les mêmes moyens fort simples qu'on employait autrefois, des œuvres harmonieuses. Un retable peint, daté de 1471 (n° 12), qui fait partie de la Collection, ne peut assurément passer pour l'œuvre d'un peintre de renom. Cet objet de curiosité dit cependant, en employant une technique rudimentaire, tout ce qu'il y a à dire, et il est de ton harmonieux

Je ne voudrais pas m'appesantir outre mesure sur cette série très nombreuse des bois sculptés; je dois cependant signaler un Tympan italien (n° 74), une figure de saint Jean-Baptiste (n° 40), une sainte Anne accompagnée de la Vierge et de l'Enfant Jésus (n° 61) et une belle Crucifixion en bas-relief (n° 83), œuvre française des commencements du XVIe siècle, ayant probablement formé à l'origine le centre d'un retable. C'est une sculpture d'un très bon style et d'une bonne composition.

Beaucoup plus important est un retable sculpté et peint du XVIe siècle (n° 114), absolument complet dont la prédelle est formée par une peinture dans laquelle le donateur et la donatrice sont représentés accompagnés de leurs nombreux enfants, filles ou garçons. La Nativité, la Crucifixion, la Résurrection, en trois bas-reliefs, occupent la partie principale de ce retable; une architecture très sobre mais bien dessinée les abritent; l'œuvre peut être flamande ou du nord de la France; le dessin en est bon, la sculpture très poussée et encore pleine d'accents; à remarquer le cavalier, vêtu d'une armure, sur un cheval cabré, à droite de la croix; il semble bien que nous ayons là, en sculpture, un second portrait du donateur peint sur la prédelle.

Pour des époques plus récentes, il nous faudrait signaler un Crucifix (n° 157) puis une curieuse figure crucifiée de sainte Vilgeforte, représentation assez rare d'une sainte que parfois on a confondue, au point de vue iconographique, avec le Christ. Mais il faut abréger cette rapide revue de la Collection, non toutefois sans avoir dit quelques mots d'une statue en bois polychrome, une Diane (n° 128) complètement nue, qui soulève un petit problème d'attribution.

L'image très fidèle qu'accompagne la notice du catalogue me dispensera d'en faire une longue description et en même temps d'insister sur le style de cette figure.

Par sa forme, elle appartient indiscutablement à l'art français de la seconde moitié ou plutôt du milieu du XVIe siècle. Ses proportions pondérées et ultra élégantes en font, prise dans son ensemble, une proche parente des figures si personnelles, mais si conventionnelles aussi, sculptées par Jean Goujon; l'artiste toutefois, ayant à faire ici une figure de ronde-bosse, n'en a pas pris autant à son aise avec le canon des proportions que dans certaines figures que possède le Louvre, d'un style exquis sans doute par la préciosité de leur recherche, mais qu'il faut se garder d'analyser au point de vue des possibilités du dessin. Si d'autre part on examine certains détails de la construction, si surtout on examine la tête de la statue, sorte de compromis entre le type grec classique et un type conventionnel du XVIe siècle, on est frappé de la ressemblance qu'offre cette figure avec les sculptures de Jean Goujon les plus authentiques.

Le personnage représenté est bien une Diane et, à l'origine devait tenir un arc et une flèche : peut-être, si l'on comprend bien son attitude et la direction de son regard, la statue était-elle accompagnée d'un chien. Mais à quoi pouvait servir cette figure de Diane « au naturel » dont la tête est aujourd'hui dépourvue de cheveux, la chevelure n'ayant jamais été sculptée en bois ? Telle est la question que l'on peut se poser. Est-on ici en face d'une véritable statue, ou d'une sorte de modèle destiné à figurer dans l'atelier du sculpteur et à servir à tout propos de guide dans ses compositions plastiques ? La chose n'aurait rien d'invraisemblable, car on connait d'autres nombreux échantillons de figurines sculptées du XVIe siècle qui ne sont autre chose que des modèles destinés à rafraichir la mémoire des sculpteurs au point de vue des proportions et de l'anatomie. Il n'y aurait rien d'étonnant à ce qu'un maître français du XVIe siècle, — mettons Goujon, bien qu'il soit toujours téméraire d'affirmer une attribution en l'absence de documents certains — eût fabriqué un tel modèle pour son atelier. — En tout cas, cette figure est fort belle et piquera, par les problèmes qu'elle soulève, la curiosité de plus d'un amateur.

Disons maintenant quelques mots des sculptures en pierre.

Une charmante statuette de Vierge debout (n° 163), qui devait faire partie d'une Crucifixion, appartient à l'art de l'Ile-de-France de la première moitié du XIVe siècle. C'est un morceau de sculpture d'une expression délicate, recouvert de draperies très fines, tout à fait dignes des grands maîtres qui ont décoré nos cathédrales.

D'un art moins noble assurément, mais aussi très caractéristique, est une Vierge assise offrant le sein à l'Enfant Jésus (n° 164), œuvre champenoise du XIVe siècle. Sans doute le visage de la Vierge n'est point d'une beauté régulière, mais son expression est charmante de naïveté et de naturalisme ; c'est une paysanne, non une grande dame, encore moins un modèle gréco-romain que s'est évertué à traduire l'artiste ; et son effort et le résultat obtenu, en dehors des sentiers battus, n'en sont que plus intéressants.

C'est encore à la Champagne, mais à une époque très différente, au commencement du XVIe siècle qu'appartient une statue de la Vierge portant l'Enfant-Jésus (n° 169). Ici le type s'est ennobli et idéalisé tout en demeurant empreint de quelques traces de naturalisme qui ne donnent que plus de grâce naïve au visage. La draperie est savante et dans ses dispositions un peu lourdes et dans l'entassement voulu des étoffes autour de la base de la figure, on peut reconnaître aisément que les traditions déjà anciennes à ce moment de l'école de Bourgogne, toute voisine, étaient encore vivaces.

Une charmante statuette de saint Pierre est une œuvre française du XVe siècle et par ses proportions minuscules appartient à cette série de mor-

ceaux de plastique du Moyen âge aisés à placer à l'intérieur d'une habitation, et qui malgré leurs dimensions nous donnent cependant l'impression de majesté des grands édifices religieux. Une Pieta enfin, composée d'un groupe et de deux figures détachées (n° 165), œuvre champenoise du XVe siècle, nous offre un bon type d'un sujet que beaucoup d'artistes ont rendu inacceptable grâce à des défauts de proportions par trop flagrantes entre les divers personnages composant une même scène.

J'arrête ici cette rapide revue des principaux monuments du Moyen âge et de la Renaissance composant la Collection de M. B. Rey. Je pense avoir suffisamment justifié ce que je disais en commençant de l'intérêt que cette Collection présente tant pour ceux qui apprécient les œuvres d'art anciennes, principalement au point de vue de leur valeur historique et de leur rareté que pour ceux qui recherchent surtout le caractère esthétique, l'expression puissante et belle des sentiments, de l'idéal de l'artiste.

ÉMILE MOLINIER.

DÉSIGNATION

OBJETS VARIÉS

1 — **Crucifixion.** — Médaillon rond de vitrail, peint en grisaille. France (XVe siècle).

Au centre, le Christ crucifié. A gauche, la Vierge debout, les mains croisées sur la poitrine. A droite, saint Jean debout, les mains jointes.

Diam. $0^{m}21$.

2 — **Jésus au Repas de Simon.** — Tableau en verre « églomisé ». Venise (XVIe siècle).

A une table servie sont assis, à gauche, Jésus, et au fond Simon, saint Jean et deux autres personnages. Au premier plan, Marie-Madeleine prosternée essuie avec ses cheveux les pieds de Jésus qui la bénit, tandis qu'un Pharisien, debout, la montre avec un geste de réprobation. (Luc XII, 3).

Cadre. Haut. $0^{m}375$. Larg. $0^{m}455$.

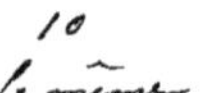

3 — **La Mise au Tombeau.** — Baiser de Paix en verre « églomisé », avec encadrement en bois mouluré. Venise (XVIe siècle).

La scène représente le corps du Christ au moment où, soutenu par trois anges, il va être déposé dans le tombeau. Ce groupe se détache sur un ciel et une croix.

Haut. $0^{m}185$. Larg. $0^{m}14$.

4 — **La Flagellation.** — Tableau en verre « églomisé » dans un cadre du XVIIe siècle. Venise (XVIe siècle).

Le Christ, attaché à une colonne, est fouetté par quatre bourreaux. Au fond, un portique sur lequel se tiennent deux personnages.

Haut. $0^{m}52$. Larg. $0^{m}47$.

5 — **L'Annonciation.** — Tableau en verre « églomisé » dans un cadre Louis XIV. Venise (XVIe siècle).

A droite, dans une chambre, est agenouillée la Vierge devant un prie-Dieu. Elle se détourne avec un geste de soumission vers l'archange Gabriel qui s'avance, tenant un lys dans la main gauche. Entre l'ange et la Vierge, on voit le Saint-Esprit sous la forme d'une colombe, et dans le Ciel le Père Éternel bénissant, entouré de nuages.

Haut. $0^{m}37$. Larg. $0^{m}30$.

6 — **La Fuite en Égypte.** — Tableau en verre « églomisé » (XVIIe siècle).

Dans un paysage, la Vierge, avec l'Enfant emmailloté sur ses genoux, est assise sur un âne. Saint Joseph, un sac sur l'épaule, marche à côté en tenant la bride.

Haut. $0^{m}34$. Larg. $0^{m}27$.

7 — **Le Départ d'Agar.** — Tableau en verre « églomisé ». Venise, commencement du XVIIIe siècle.

Sur le perron d'une maison, on voit au premier plan, à gauche, Agar qui s'en va, en tenant par la main Ismaël tout en pleurs. Derrière elle, Abraham la chasse du geste.

Haut. $0^{m}47$. Larg. $0^{m}40$.

8 — **La Fille de Pharaon découvrant Moïse sur le Nil.** — Tableau en verre « églomisé ». Venise, commencement du XVIIIe siècle.

Sur un fond d'arbres, on voit la fille de Pharaon, debout au bord du Nil, avec une suivante qui tient sur sa tête un parasol ouvert. Elle tend les bras vers l'enfant Moïse, étendu tout nu sur un berceau, flottant sur l'eau, qu'une autre suivante agenouillée s'apprête à arrêter.

Haut. $0^{m}47$. Larg. $0^{m}40$.

9 — **Sainte Anne et la Vierge.** — Tableau en verre « églomisé ». Suisse, 1768.

Sainte Anne, assise, tient un livre dont la Vierge, jeune fille agenouillée à ses côtés, suit du doigt les caractères. Ce tableau est signé : *Joan Cres. Meyer, 1768.*

Haut. $0^{m}45$. Larg. $0^{m}31$.

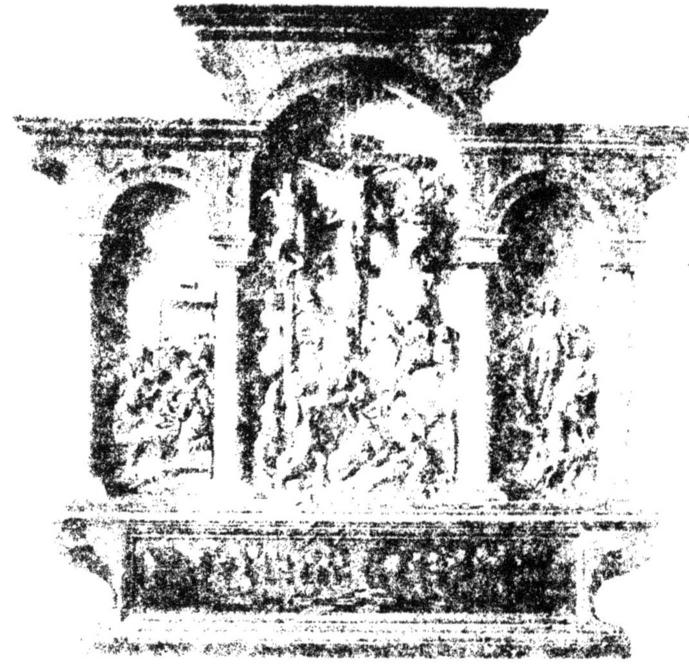

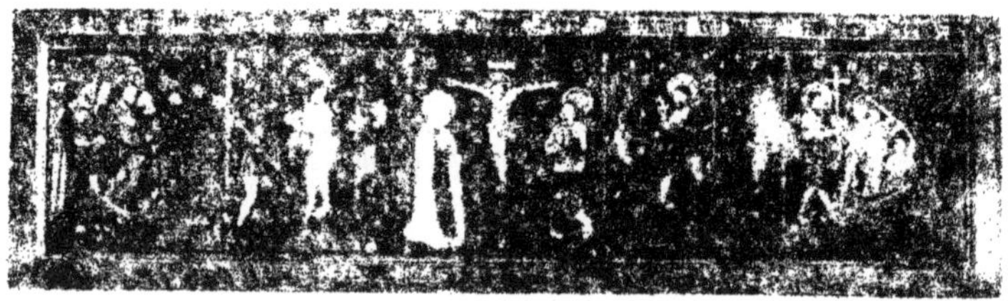

La Flagellation

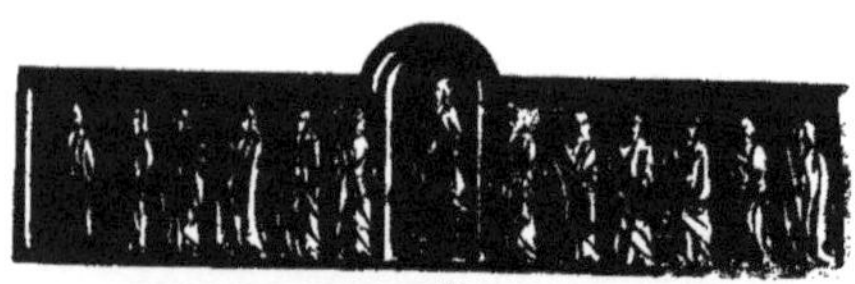

57

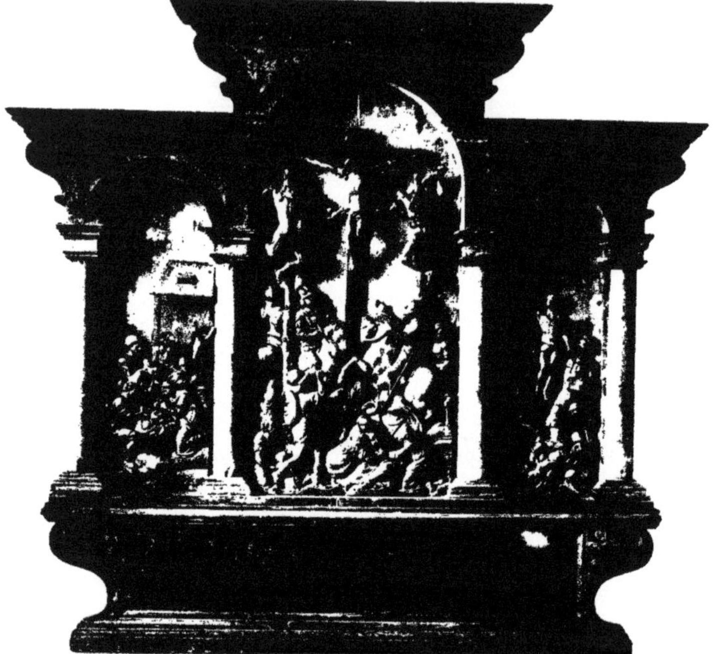

114

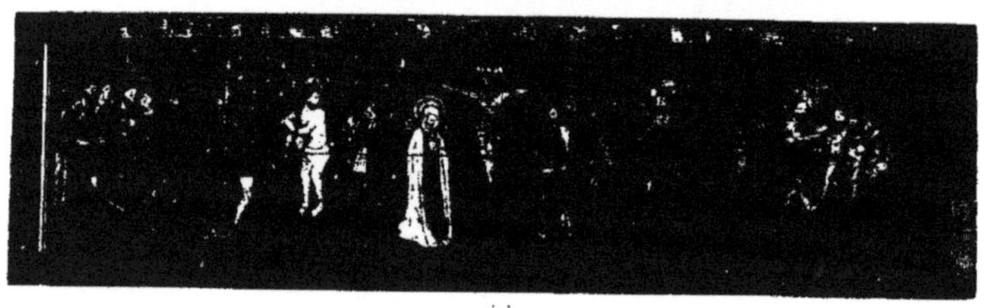

Phototypie Berthaud, Paris

10 — **Saint Christophe.** — Tableau en verre « églomisé ». Suisse, 1768.

Le saint, s'appuyant de la main droite sur un bâton, les jambes nues, traverse une riviere en portant, assis à califourchon sur son dos, l'Enfant Jésus qui bénit de la main droite et tient de la gauche le globe du Monde.

Haut. 0m4[illegible]. Larg. 0m[illegible]1.

11 — **Christ de pitié.** — Peinture sur bois. Sienne (XIVe siècle).

Le Christ, vu à mi-corps dans son tombeau, est entouré des instruments de la Passion.

Haut. 0m35. Larg. 0m21.

12 — **Retable** en bois peint. France. 1471.

Les scènes suivantes y sont représentées de gauche à droite :

Le Baiser de Judas.

La Flagellation.

La Crucifixion.

La Résurrection.

Le Christ aux limbes.

Le haut du cadre porte l'inscription suivante en lettres gothiques : « Sette table fut paint. lan mil CCCC L XXI, le XXIIIe jour doctobre »...

Haut. [illegible]. Larg. [illegible].

13 — **Suite de dix-huit portraits en buste.** — Italie (XVe siècle).

Pape, évêque, seigneurs, grandes dames, peints à la détrempe, chacun sur un panneau en bois. Ces panneaux formaient la corniche d'un plafond.

Haut. et larg. env. [illegible].

14 — **L'Adoration des Mages.** — France, commencement du XVIe siècle.

Page d'un livre d'heures imprimée sur vélin, avec gravures et initiales coloriées et dorées, par Germain Harduin. Dans un cadre en bois sculpté et doré.

Haut. 0m20. Larg. 0m26.

15 — **Saint Paul.** — Portrait en buste à la gouache dans un médaillon ovale sur un fond en papier découpé, gaufré et peint (XVIIe siècle).

Cadre. Haut. 0m66. Larg. 0m57.

16 — **Milieu de triptyque**. — Os et certosina. Italie, commencement du xve siècle.

Trois bas-reliefs sculptés sur os, représentant : au milieu, la Vierge debout portant l'Enfant Jésus emmailloté ; à droite, saint Laurent, et à gauche saint Antoine le Viennois.

Le socle et l'encadrement qui se termine par un fronton aigu, sont décorés de marqueterie en bois, ivoire et écaille teintés (certosina).

Haut. 0m33. Larg. 0m19.

17 — **Baiser de Paix**. — Ivoire sculpté en bas-relief. France (xve siècle).

De forme convexe et cintrée en haut, ce Baiser de Paix représente, sous un arc trilobé supporté par des colonnades, la Vierge couronnée, assise sur un trône et tournant la tête à droite vers l'Enfant Jésus, qu'elle porte sur son bras gauche, en lui offrant de la droite une pomme. Le fronton est orné de trois fleurs de lys.

Haut. 0m14.

18 — **Face d'un pulvérin** en corne de cerf sculptée. Flandres (xvie siècle).

La scène, sculptée en bas-relief sur cette pièce, est la Crucifixion. Au centre, Jésus en croix entre les deux larrons. Au pied de la croix, à gauche, la Madeleine, la Vierge soutenue par saint Jean, Longin, qui perce de sa lance le flanc du Christ. A gauche, un personnage à cheval et un soldat.

Haut. 0m14.

19 — **Nef**. — Ex-voto en corne et écaille, en partie peintes. Allemagne (xviie siècle).

Elle représente la barque de Jésus sur le lac de Tibériade. Le Sauveur est endormi sur la proue. Quatre disciples s'adressent à lui avec des gestes de prière et d'effroi.

Haut. 0m40. Long. 0m37.

20 — **La Vierge et l'Enfant Jésus**. — Relief-applique en stuc peint. Florence (xve siècle).

La Vierge est représentée à mi-corps assise. Elle offre le sein à l'Enfant Jésus, lequel est assis sur un coussin posé sur les genoux de sa mère. Il porte, pendue à son cou, une amulette formée d'une branche de corail. La Vierge est vêtue d'une robe rouge, recouverte d'un manteau bleu à grands plis. Elle a un voile sur la tête.

Haut. 0m75. Larg. au socle 0m48.

21 — **Groupe d'une Crucifixion**. — Bas-relief en terre cuite peinte et dorée. Flandres (xive siècle).

Ce groupe devait former la partie gauche d'un calvaire. Il est composé de sept personnages : la Vierge évanouie, soutenue par saint Jean, trois saintes femmes debout, les mains jointes, et deux soldats tenant la hampe de la lance qui perça le flanc de Jésus.

Haut. 0m47. Larg. 0m28.

22 — **Jésus au Jardin des Oliviers.** — Plaque en terre cuite peinte. Allemagne (XVIe siècle).

Au centre, Jésus, agenouillé, tend les bras vers le ciel, où apparaît un ange portant un calice. En bas, au premier plan, trois apôtres étendus dorment. Au fond, paraît Judas, une bourse à la main.

Haut. 0m25. Larg. 0m155.

23 — **La Nativité.** — Bas-relief en terre cuite peinte, de forme ovale, dans un cadre. Italie (XVIe siècle).

Haut. 0m18. Larg. 0m23.

24 — **La Vierge et l'Enfant Jésus.** — Groupe en terre cuite. France (XVIe siècle).

La Vierge debout, le corps portant sur la jambe gauche, tourne la tête vers l'Enfant qu'elle a sur le bras gauche, et retient, de la main droite, un pan de son manteau.

Haut. 0m68.

25 — **Notre-Dame de Bonne-Garde.** — Statuette en terre cuite peinte et dorée, dans une petite châsse en argent gravé. France. La Vierge est du XVe siècle, la monture du XVIIe.

Haut. 0m09.

26 — **La Fuite en Egypte.** — Scène en corail, cuivre et émail. Naples (XVIIe siècle).

Sur un fond de rochers, couverts d'arbustes et de fleurs, la Vierge s'avance sur un âne, précédée de saint Joseph. Au-dessus d'eux, un ange leur montre la route. Les personnages sont en corail ainsi que les troncs des arbres et les pétales des fleurs. La verdure est en émail et le sol en feuilles de cuivre doré. Le socle mouluré est orné de fleurs en corail.

Haut. 0m34.

27 — **L'Adoration des Bergers.** — Scène en corail, cuivre et émail. Naples (XVIIe siècle).

Les trois bergers sont à demi agenouillés devant un portique par l'ouverture duquel on aperçoit, à l'arrière-plan, la Vierge debout auprès de la crèche où repose l'Enfant, qu'un bœuf et un âne réchauffent de leur souffle. Au-dessus, un ange déploie une banderole.

Haut. 0m34.

28 — **Quatre Bas-reliefs**. — Terre cuite grise (XVIIIe siècle).

Ils représentent les quatre Évangélistes : Saint Mathieu avec un ange, saint Luc avec un bœuf, saint Marc avec un lion, saint Jean avec un aigle. Ils sont fixés sur du carton, dans des cadres ovales en bois doré. Attribués à Sonnenschein, élève de Clodion, et provenant de Lucerne, patrie du premier.

Cadres. Haut. 0m35. Larg. 0m31.

29 — **La Nativité**. — Cuir repoussé. Italie (XVIe siècle).

Sous un auvent, la Vierge et saint Joseph sont en adoration devant l'Enfant Jésus, couché dans une crèche. Un bœuf et un âne sont étendus à côté. Cadre de l'époque en bois doré, orné de têtes de chérubins et de bouquets de fruits.

Cadre. Haut. 0m69. Larg. 0m64.

30 — **La Mise au tombeau**. — Cuir repoussé, dans un cadre. Flandres, fin du XVIe siècle.

La Vierge, saint Jean, les saintes femmes et des anges portant des flambeaux, sont en adoration devant le corps du Christ, étendu sur des linceuls.

Cadre. Haut. 0m50. Larg. 0m55.

31 — **Horloge** en bois, à poids. Allemagne (XVIe siècle).

Au centre du cadran, est peint un soleil ; au-dessus et au centre une Vierge avec l'Enfant Jésus ; à droite et à gauche, des saints ; sur les deux faces latérales, des rinceaux.

Haut. 0m43. Larg. 0m30.

CIRES

32 — **Ecce Homo**. — Demi-relief en cire peinte, dans un cadre en bois sculpté et peint. Allemagne (XVIe siècle).

Le Christ est représenté à mi-corps, un roseau à la main, une couronne de vraies épines sur la tête, les épaules couvertes d'un manteau de pourpre.

Cadre. Haut. 0m39. Larg. 0m26.

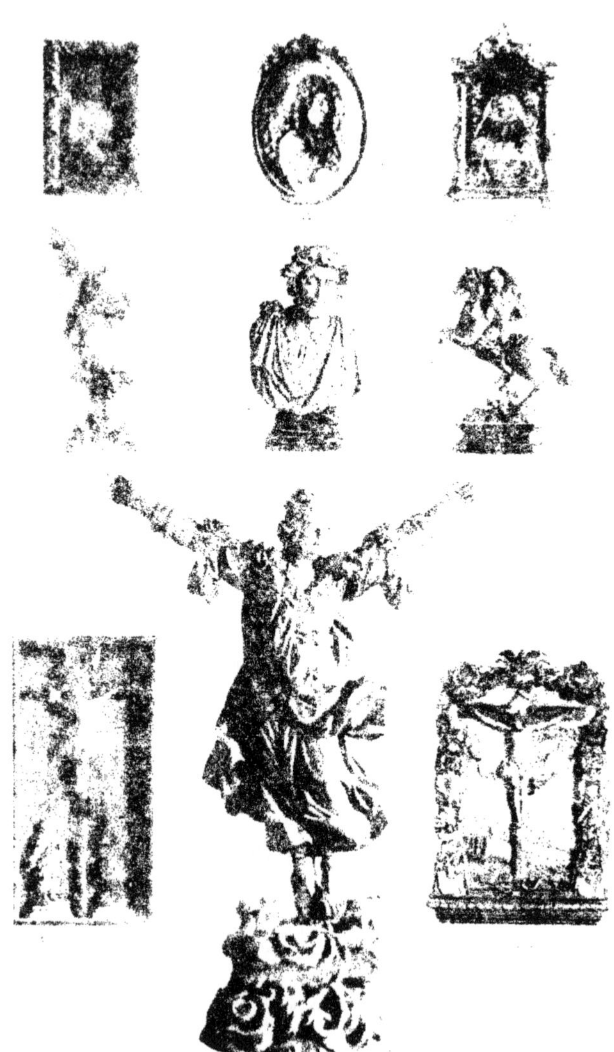

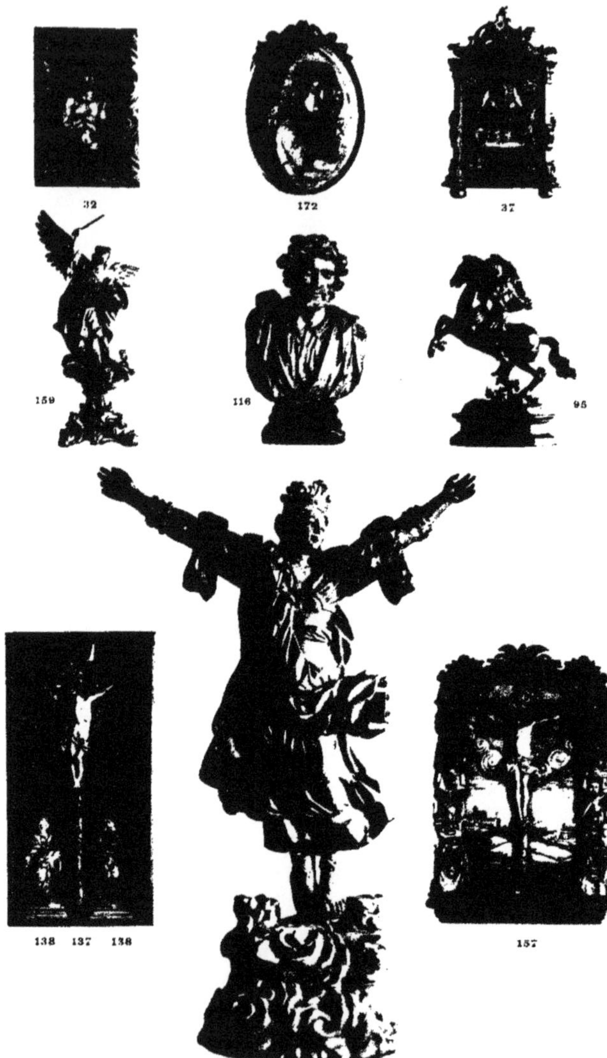

32 172 37

159 116 95

138 137 138 157

131

Phototypie Berthaud, Paris

33 — **Mater Dolorosa**. Demi-relief en cire peinte, dans un cadre en bois sculpté et peint. Allemagne (xvie siècle).

La Vierge est représentée à mi-corps, les mains jointes. Sa robe est rouge, et elle est drapée dans un manteau bleu, à bordure dorée, qui lui recouvre aussi la tête.

Cadre. Haut. 0m39, Larg. 0m26.

34 — **La Vierge Enfant**. — Poupée en cire dans une vitrine. Allemagne (xviie siècle).

Elle est debout, vêtue d'une robe en satin rose et d'un manteau en soie verte garni de dentelle d'or, et coiffée d'un chapeau à bords plats.

Vitrine. Haut. 0m51, Larg. 0m50

35 — **Agnus Dei**. — Cire peinte sous verre, dans un cadre ovale en argent (xviie siècle).

D'un côté, est représenté l'agneau de l'Apocalypse et les mots : ECCE A. DEI QUI TOLLIT P. M. Au-dessous, des armoiries pontificales avec les mots ANNO VII. De l'autre côté, Jésus et la Samaritaine au puits et les mots QUERENS ME SEDISTI LASSUS. Au-dessous, les mêmes armoiries avec les initiales P (ius), U (rbanus), P (ontifex), M (aximus). Ces inscriptions ne peuvent se rapporter qu'au Pape Urbain VIII, qui régna de 1623 à 1644. Cet Agnus Dei est donc de 1630.

Haut. 0m16 Larg. 0m13

36 — **La Délivrance de saint Pierre**. — Tableau modelé en cire rouge sur plaque de métal, dans un cadre. France (xviie siècle).

Le saint est représenté assis sur la paille d'un cachot. Il lève les mains au ciel en voyant apparaître sur un nuage un ange entouré de chérubins. Deux soldats dorment à la porte de la prison. (Actes des Apôtres, chap. XII.)

Cadre. Haut 0m56. Larg. 0m58.

37 — **La Vierge et l'Enfant Jésus**. — Groupe en cire dans une vitrine en bois sculpté et peint au vernis Martin, vert et or. France (xviiie siècle).

La Vierge porte le costume d'une grande dame de la première moitié du xviiie siècle : robe à panier, perruque poudrée. Des fleurs artificielles ornent le fond de la vitrine et une colombe plane au-dessus du groupe.

Haut. 0m55. Larg. 0m30.

BOIS SCULPTÉS

38 — **La Vierge et l'Enfant Jésus**. — Groupe en bois peint (xiie siècle).

Sur un siège, à haut dossier, de style roman, la Vierge couronnée tient l'Enfant Jésus, qui est assis de face sur ses genoux.

Haut. 0^{m}49.

39 — **La Vierge et l'Enfant Jésus**. — Groupe en bois peint et doré (xiie ou xiiie siècle).

La Vierge, dans une gloire, est assise sur un siège à colonnes, et tient de la main droite une pomme. L'enfant, reposant de face sur son genou gauche, fait le signe de la bénédiction. Le voile de la Vierge, fixé sous la couronne et retombant sur les épaules, est orné, devant et derrière, de grands ramages violets et rouges sur fond or.

Haut. 0^{m}61.

40 — **Saint Jean-Baptiste**. — Statue-applique en chêne autrefois peint. France (xve siècle).

Le saint est représenté debout, le corps portant sur la jambe droite, la tête tournée de trois quarts à gauche. Il est vêtu d'une tunique en peau de bête, serrée sur la poitrine par un cordon. Un agneau grimpe le long de sa jambe gauche.

Haut. 1^{m}12.

41 — **Assomption de la Vierge**. — Bois peint et doré (xve siècle).

Dans la partie inférieure, la Vierge nimbée, les mains jointes, debout sur une tête de chérubin, est entourée d'anges : trois de chaque côté la soutiennent, et quatre au-dessus d'elle jouent de la flûte et de la viole. Dans la partie supérieure, six anges supportent une sorte de berceau, dans lequel on voit une petite fille joignant les mains, qui représente l'âme de la Vierge. Au sommet, un ange en adoration. Provient d'une église du Valais.

Haut. 0^{m}67. Larg. 0^{m}21.

42 — **Sainte Catherine**. — Statue-applique sans fond, en bois peint et doré. Allemagne (xve siècle).

La sainte couronnée est représentée debout, tenant une épée dans la main gauche et un livre dans la main droite.

Haut. 1^{m}14.

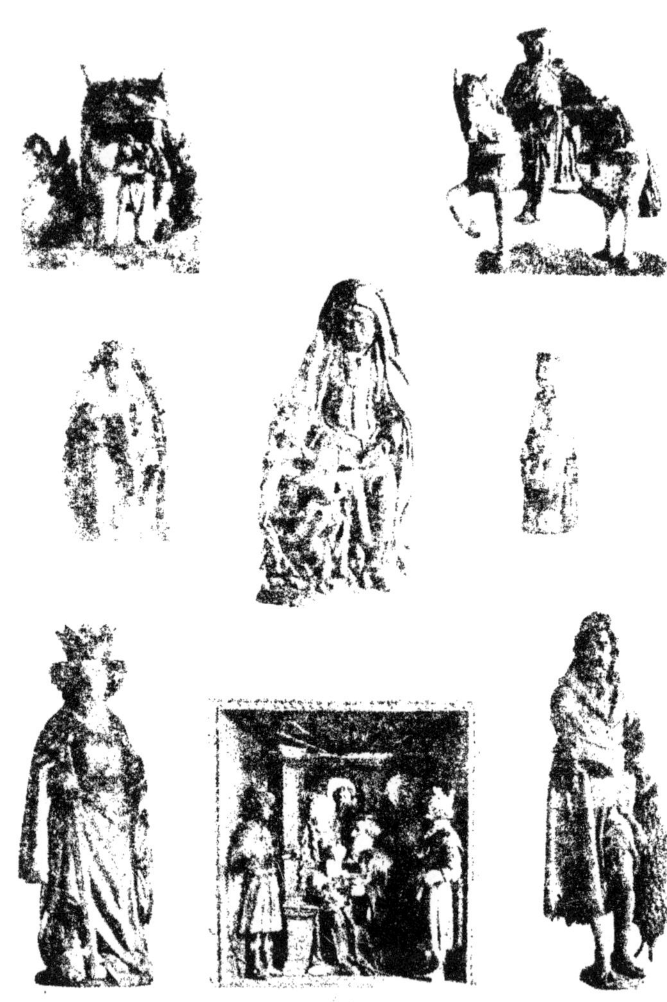

[illegible]IS SCULP[illegible]

[illegible] La Vierge et l'Enfant Jésus [illegible]

[illegible] La Vierge et l'Enfant Jésus [illegible]

[illegible]

[illegible]

[illegible]

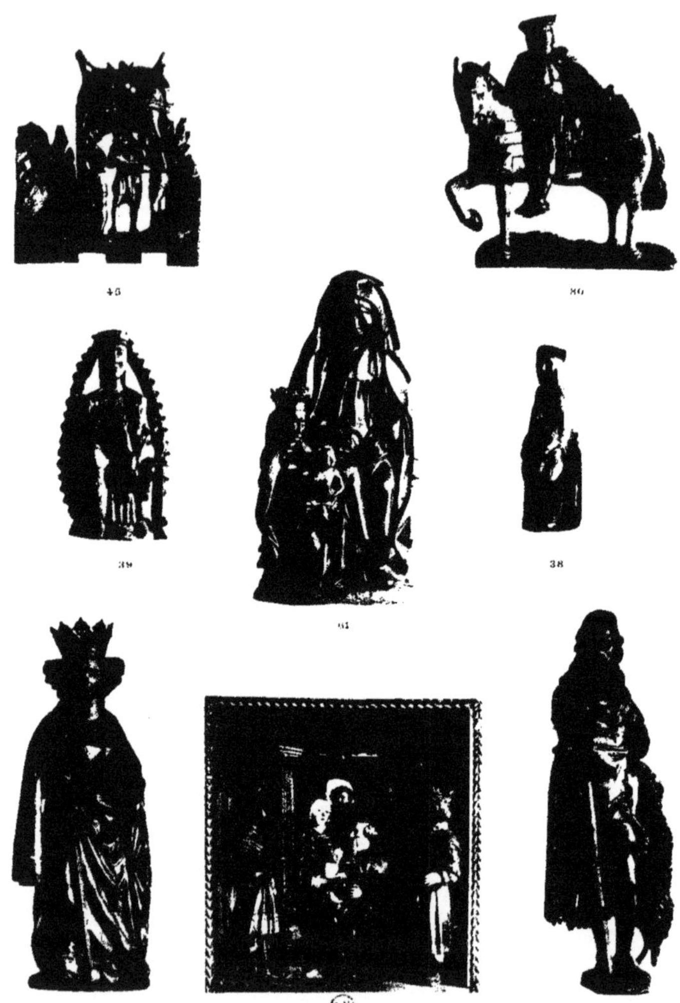

45

80

39

61

38

77

40

Phototypie Berthaud, Paris

43 — **Sainte Barbe**. — Statue-applique sans fond, en bois peint et doré. Allemagne (xve siècle).

La sainte, couronnée, est représentée debout, portant sur la main droite la tour dans laquelle elle fut emprisonnée, et bénissant de la main gauche.

Haut. 1m12.

44 — **La Vierge et l'Enfant Jésus**. — Groupe-applique en chêne peint et doré (xve siècle).

La Vierge est représentée debout, vêtue d'une robe rouge et d'un manteau bleu dont un pan est drapé sur le bras droit, la tête couverte d'un voile surmonté d'une couronne. Elle porte devant elle, sur ses mains, l'Enfant Jésus tout nu, lequel tient un oiseau. Suivant les Évangiles apocryphes, Jésus, enfant, façonnait des oiseaux avec de la terre détrempée et les faisait ensuite s'envoler en frappant dans ses mains.

Haut. 1m12.

45 — **Dans les Limbes**. — Groupe en noyer peint et doré. France (xve siècle).

Moïse, Adam et un autre personnage, debout et joignant les mains, se présentent sur le seuil de la porte de l'Enfer, représentée par une gueule de monstre (le Léviathan biblique).

Haut. 0m[illegible]4. Larg. 0m[illegible].

46 — **Un Saint**. — Panneau en chêne peint et doré (xve siècle).

Le saint est représenté en demi-relief, debout, dans un encadrement formé de deux colonnettes supportant une arcature gothique.

Haut. 0m[illegible]3. Larg. 0m3[illegible].

47 — **Saint Jérôme**. — Statuette en bois peint (xve siècle).

Le saint est agenouillé et tient une pierre dans la main droite. Il porte une ample robe rouge, doublée de vert, sans manches, qu'il ouvre de la main gauche pour montrer son corps émacié. Ce vêtement s'étale sur le sol en plis nombreux. La tête est chauve, la barbe et les cheveux longs.

Haut. 0m28.

48 — **Pietà**. — Groupe en noyer peint et doré. Flandres (xve siècle).

On voit, au centre, la Vierge tenant sur ses genoux le corps du Christ; à droite, sainte Madeleine à genoux, ayant à la main un vase d'encens; à gauche, saint Jean à genoux, soutenant la tête du Christ. Derrière, deux saintes femmes, l'une, joignant les mains et l'autre, faisant un geste éploré. Au fond, des deux côtés du groupe, des rochers, sur l'un desquels est un château et un clocher. Les vêtements des personnages sont couverts de riches dessins en couleur et or. Les cheveux sont dorés, ainsi que le sol et le paysage.

Haut. 0m56. Larg. 0m89.

49 — **La Mort de la Vierge**. — Groupe en bois peint et doré. Suisse (xve siècle).

La Vierge est représentée couchée dans un lit qui occupe tout le premier plan, s'étendant en longueur de gauche à droite. La tête de la Vierge, qui repose sur des oreillers, est coiffée d'un voile retombant en plis réguliers sur ses épaules. Le buste est serré dans une robe collante à manches, recouverte d'un manteau, et le bas du corps est caché sous une couverture. Les mains sont croisées et, au milieu de la poitrine, on voit une cavité qui a servi de reliquaire. Derrière le lit, rangés en ligne, sont debout le Christ et onze apôtres. Quatre apôtres ont en mains des livres ouverts. Un autre tient un récipient à eau bénite. Le Christ, qui fait le signe de la bénédiction, devait porter sur le bras gauche l'âme de la Vierge sous la forme d'un enfant. Ce groupe provient d'une église du Valais.

Haut. 0m49. Larg. 1m10.

50 — **Saint Jean-Baptiste**. — Statuette en chêne, avec traces de peinture. France (xve siècle).

Le saint est debout. Il est vêtu d'une peau de mouton et tient de la main gauche un livre sur lequel est couché un agneau.

Haut. 0m72.

51 — **La Vierge et l'Enfant Jésus**. — Groupe en bois peint. Flandres (xve siècle).

La Vierge est debout, vêtue d'une longue robe et d'un grand manteau drapé sous les bras. Ses cheveux dénoués retombent sur ses épaules. De la main gauche, elle soutient l'Enfant Jésus vêtu d'une longue tunique, lequel s'appuie du bras gauche sur la poitrine de sa mère.

Haut. 0m36.

52 — **Christ bénissant**. — Statuette en chêne autrefois peint. Bourgogne (xve siècle).

Le Christ est debout sur un socle. Il bénit de la main droite, et de la gauche retient le perizonium qui le ceint. Devait faire partie d'une scène de baptême de Jésus.

Haut. 0m46

53 — **Christ de Pitié**. — Statuette en chêne, autrefois peint. Flandres (xve siècle).

Le Christ est représenté debout, tenant sa croix de la main gauche, et montrant, de la droite, la plaie de son côté.

Haut. 0^{m}46.

54 — **La Vierge**. — Buste en noyer, avec traces de peinture et dorure. (xve siècle).

Elle est représentée les yeux baissés, la tête légèrement inclinée à gauche, les cheveux dénoués tombant en longues boucles sur les épaules.

Haut. 0^{m}45. Larg. 0^{m}38.

55 — **Saint Pierre de Vérone**. — Bas-relief, sans fond, en bois peint et doré. Allemagne (xve siècle).

Le saint est représenté sous la figure d'un moine debout, nu-tête, ayant au front une blessure saignante. Il relève de la main gauche un pan de son manteau, et tient de la droite une palme.

Haut. 1^{m}70.

56 — **Portement de Croix**. — Statuette-applique en chêne, autrefois peint. Flandres (xve siècle).

Le Christ, de profil à droite, plie sous le poids de la croix qu'il soutient des deux mains.

Haut. 0^{m}33. Larg. 0^{m}29.

57 — **Le Christ et les douze apôtres**. — Retable en noyer peint et doré, sculpté en bas-relief. France (xve siècle).

Le Christ est assis au milieu. Son siège portait une fleur de lys, qui a été mutilée. A sa droite, se tiennent debout six apôtres, et autant à sa gauche, chacun avec ses attributs. Leurs noms sont inscrits en français sur la bordure.

Hauteur au milieu 0^{m}50.
Larg. 1^{m}63.

58 — **Saint Pierre**. — Buste-applique en bois peint et doré (xve siècle).

Le saint est représenté en buste et porte une clef dans la main droite. Provient probablement de la décoration d'un plafond.

Haut. 0^{m}17. Larg. 0^{m}30.

59 — **La Vierge et l'Enfant Jésus.** — Groupe en chêne, avec traces de couleurs. Flandres (XVe siècle).

La Vierge est représentée debout. Elle est vêtue d'une robe à grands plis et d'un large manteau. Ses cheveux tombent en longues boucles sur ses épaules. Elle porte de ses deux mains l'Enfant Jésus nu, qui s'accroche de la main gauche au col de sa mère.

Haut. 0m49.

60 — **Saint Jean-Baptiste.** — Statue en noyer. Bourgogne (XVe siècle).

Le saint est représenté debout, tête et pieds nus, vêtu d'une peau de mouton et d'un manteau relevé sur le bras droit. Il porte à la main gauche un livre sur lequel est étendu un agneau.

Haut. 1m58.

61 — **Sainte Anne, la Vierge et l'Enfant Jésus.** — Groupe en noyer, autrefois peint. Flandres (XVe siècle).

Sainte Anne est assise sur un siège sans dossier. Elle tient, sur ses genoux, un livre ouvert dont elle montre du doigt le texte. A ses pieds est assise la Vierge. Celle-ci porte l'Enfant Jésus, lequel joue avec une grappe de raisin.

Haut. 0m98. Larg. 0m48.

62 — **Sainte Ursule.** — Statue-applique en chêne, avec traces de peinture. Flandres (XVe siècle).

La sainte est représentée debout, un livre ouvert dans la main gauche; à ses pieds, dans les plis de son voile, se trouvent des vierges qui, suivant la tradition, souffrirent avec elle le martyre.

Haut. 0m88. Larg. 0m55.

63 — **La Vierge et l'Enfant Jésus.** — Groupe en poirier, à peinture brune, anciennement polychrome. France (XVe siècle).

La Vierge est représentée assise sur un siège en forme de coffre. Ses cheveux bouclés lui couvrent les épaules. L'Enfant, tout nu, est debout sur ses genoux.

Haut. 0m19.

64 — **Descente de Croix.** — Groupe en chêne, dans une vitrine moderne. Flandres (XVe siècle).

Suivant la tradition, on voit, au second plan, montés sur des échelles : à gauche, Joseph

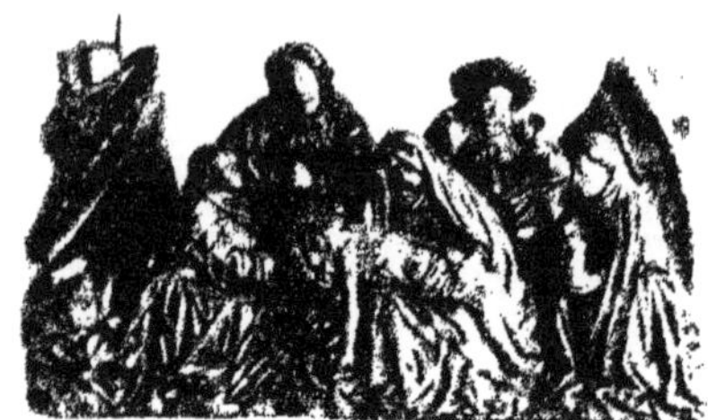

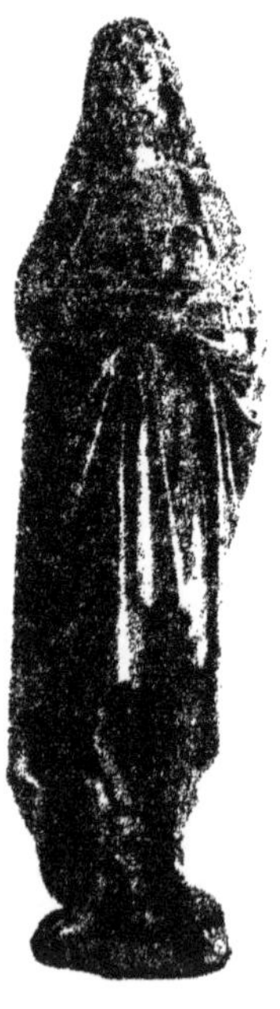

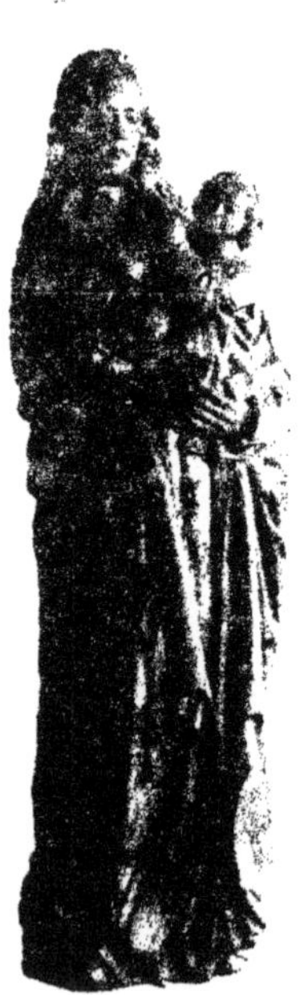

59. — **La Vierge et l'Enfant Jésus**. — Groupe en chêne, avec traces de couleurs. Flandres, XVIe siècle.

La Vierge est représentée debout. Elle est vêtue d'une robe [illegible] et d'un large manteau. Ses cheveux tombent en longues boucles [illegible] deux mains l'Enfant Jésus [illegible]

[illegible]

6[illegible] — **Saint Jean-Baptiste**. — Statue en noyer. [illegible] siècle.

[illegible]

[illegible] — **Sainte Anne, la Vierge et l'Enfant Jésus**. — [illegible]

[illegible]

[illegible] — **Sainte Ursule**. — [illegible]

[illegible]

[illegible] — **La Vierge et l'Enfant Jésus**. — [illegible]

[illegible]

[illegible] — **Descente de Croix**. — Groupe en chêne, dans une [illegible] Flandres, XVe siècle.

[illegible]

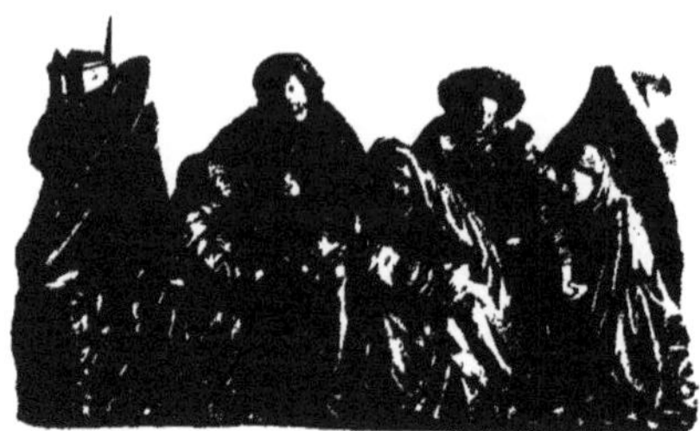

48

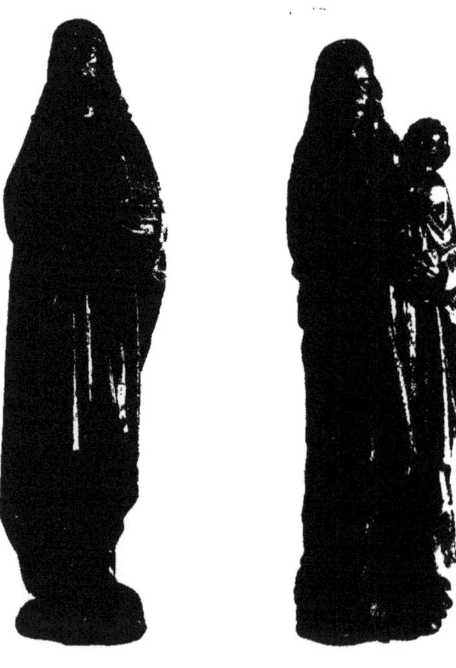

60 76

Phototypie Berthaud, Paris

d'Arimathie, et à droite, Nicodème, qui soutiennent par les bras le corps du Christ encore adossé à la croix. Au premier plan, à droite, saint Jean arrache le clou qui fixait les pieds de Jésus ; à gauche, la Vierge est agenouillée de profil.

Hauteur du groupe 0m38. Larg. 0m25.

65 — **Saint Georges**. — Statuette en bois peint et doré. Suisse (XVe siècle).

Le saint est représenté debout, revêtu d'une armure dorée. Il enfonce une lance dans la gueule d'un dragon, qui gît sous ses pieds.

Haut. 0m98.

66 — **La Vierge**. — Statuette en bois peint. Allemagne (XVe siècle).

La Vierge est représentée debout, le corps portant sur la jambe gauche. Elle est vêtue d'une robe rouge et ses mains, croisées sur la poitrine, relèvent un pan d'un grand manteau bleu, qui tombe en larges plis jusqu'à ses pieds. Elle a la tête couverte d'un voile et une guimpe enveloppe le bas de son visage. Devait faire partie d'une Crucifixion.

Haut. 0m75.

67 — **Saint Jean**. — Statuette-applique en bois peint et doré. Allemagne (XVe siècle).

Le saint est représenté debout, de face, la tête relevée de trois quarts à gauche, les mains jointes et un livre sous le bras gauche. Devait faire partie d'une Crucifixion.

Haut. 0m74.

68 — **Saint Evêque**. — Statuette en bois, avec traces de peinture et dorure (XVe siècle).

Le saint est assis sur un siège gothique, dont le dos est divisé en compartiments ornés de serviettes. Une cavité y servait de reliquaire.

Haut. 0m68.

69 — **La Vierge, l'Enfant Jésus et un Roi Mage**. — Groupe-applique en chêne, avec restes de peinture et de dorure. Flandres (XVe siècle).

A gauche, la Vierge, assise sur un siège sans dossier, porte, enveloppé dans un pan de son manteau, l'Enfant Jésus. A droite, un Roi Mage, debout, tient son bonnet à la main.

Haut. 0m34. Larg. 0m29.

70 — **Christ de Jugement dernier.** — Statue-applique en bois peint, avec traces d'ancienne dorure. Allemagne (xve siècle).

Assis sur un siège sans dossier, les pieds posés sur un socle, orné de rosaces, le Christ, revêtu seulement d'un manteau, qui laisse le torse et une jambe nus, tourne la tête vers la droite et lève la main gauche.

Haut. 0^{m}75.

71 — **La Sainte Face.** — Reliquaire en bois peint. Allemagne (xve siècle).

Sur un linge se détache, en bas-relief, la figure de Jésus, couronné d'épines, la bouche ouverte, les joues meurtries. Au dos, se trouve une cavité, doublée de cuir et munie d'une porte, qui a dû contenir des reliques.

Haut. 0^{m}25. Larg. 0^{m}21.

72 — **La Vierge et l'Enfant Jésus.** — Statuette en noyer peint et doré (xve siècle).

Debout, vêtue d'une robe flottante et d'un manteau, elle porte l'Enfant sur le bras droit et tient, de la main gauche, un sceptre. Des cabochons, en cristal miroitant, sont incrustés dans la poitrine de l'Enfant, ainsi que dans sa couronne et dans celle de la Vierge.

Haut. 0^{m}26.

73 — **Chef d'un prophète.** — En noyer peint (xve siècle).

Il a la barbe et les cheveux longs et frisés, et porte une sorte de bonnet.

Haut. 0^{m}30.

74 — **Fronton de retable.** — Bois sculpté, peint et doré. Italie (xve siècle).

Au centre, le Père Éternel est représenté à mi-corps, tenant, de la main gauche, le Monde et bénissant de la main droite. Dans les caissons, ainsi que sur la bordure, sont sculptées des têtes de chérubins.

Haut. 0^{m}51. Larg. 1^{m}01.

75 — **Chef d'un saint.** — En chêne, avec traces de couleurs. France (xve siècle).

La tête est tournée de trois quarts à gauche. Les cheveux sont bouclés. Il est revêtu d'une dalmatique.

Haut. 0^{m}35. Larg. 0^{m}42.

76 — **La Vierge et l'Enfant Jésus**. — Groupe en chêne, avec traces de peinture et dorure (xve siècle).

La Vierge est debout, vêtue d'une robe fendue sur la poitrine et d'un grand manteau, dont les plis viennent se draper sous les bras. Elle présente le sein à l'Enfant Jésus, qu'elle porte sur le bras gauche. Il est habillé d'une longue tunique et se retient, de la main droite, au cou de sa mère.

Haut. 1m51.

77 — **Sainte Catherine**. — Statuette en chêne peint et doré. Allemagne, fin du xve siècle.

La sainte tient la roue du supplice de la main gauche et de la main droite un glaive. Elle écrase, sous ses pieds, l'empereur Maximin, son persécuteur.

Haut. 1m09.

78 — **Pietà**. — Groupe en bois peint et doré. Allemagne, fin du xve siècle.

La Vierge est assise sur un siège sans dossier. Sa robe est de couleur pourpre, sur fond d'argent. Elle porte, sur la tête, un voile doré, avec doublure bleue, qui, d'un côté, tombe jusqu'à ses pieds et de l'autre est relevé sur ses genoux. Elle soutient, de la main droite, la tête et, de la main gauche, un bras du Christ, dont le corps est étendu sur ses genoux.

Haut. 1m26. Larg. 0m62.

79 — **Adoration des Mages**. — Groupe en bois peint et doré, dans une niche. Allemagne, fin du xve ou commencement du xvie siècle.

Au fond, la Vierge est assise sous un portique, la tête couverte d'un voile et ses cheveux blonds tombent en deux boucles sur la poitrine. Elle tient, sur ses genoux, l'Enfant Jésus, lequel ouvre un coffret rempli d'or, que lui offre un Roi Mage agenouillé. Derrière la Vierge, saint Joseph. Sur le devant de la crèche, à droite, en haut-relief, un second Roi, debout, en riche costume, avec manches à crevés et chaussures à bouts évasés ; à gauche, un autre Roi, nègre, coiffé d'un turban, surmonté d'une couronne.

Niche. Haut. 0m87. Larg. 0m81. Prof. 0m35.

80 — **Saint Martin**. — Statuette en chêne peint et doré, cintrée. France, commencement du xvie siècle.

Le saint est représenté à cheval, au moment où il coupe le pan de son manteau avec son épée. Il porte le costume d'un seigneur de l'époque de Louis XII.

Haut. 0m77. Larg. 0m69.

81 — **Sainte Barbe.** — Statuette-applique en chêne, avec traces de peinture. Flandres, commencement du XVIe siècle.

Elle est représentée debout, s'appuyant contre une tour et porte la coiffe frisonne.

Haut. $0^{m}59$.

82 — **Saint Pape.** — Statuette-applique en chêne, avec traces de peinture et dorure. Flandres, commencement du XVIe siècle.

Il est représenté debout et portant un livre sous le bras gauche.

Haut. $0^{m}65$.

83 — **Crucifixion.** — Partie centrale d'un retable en noyer sculpté en demi-relief et autrefois peint. France, commencement du XVIe siècle.

On voit, au centre, en haut, le Christ en croix entre les deux larrons, et, en bas, Madeleine agenouillée de profil, entourant de ses deux bras le bois de la croix. A gauche, au second plan, Longin à cheval, dirigeant une lance vers la poitrine du Christ, et un autre cavalier saisissant cette lance comme pour l'écarter. Au premier plan, la Vierge debout, soutenue par saint Jean et une sainte femme. A droite, au second plan, deux soldats et une sainte femme en prière. Au premier plan, la donatrice en costume d'abbesse, agenouillée et les mains jointes. Derrière elle, son patron, le roi saint Louis portant sur la tête une couronne fleurdelisée, et dans la main gauche un sceptre. Cadre en chêne mouluré, avec traces de dorure.

Haut. $1^{m}25$. Larg. $0^{m}89$.

84 — **La Flagellation.** — Tableau de chemin de croix en bois sculpté en bas-relief, peint et doré. Commencement du XVIe siècle.

Au milieu du tableau, le Christ, le perizonium noué autour des reins, est attaché à une colonne sur le chapiteau de laquelle se lit l'inscription suivante : « I. H. S. I. P. S. DEFEN. C. LIBRANOS. » Deux bourreaux, l'un à sa gauche et l'autre à sa droite, le frappent avec des fouets.

Haut. $1^{m}05$. Larg. $0^{m}78$.

85 — **Le Portement de croix.** — Tableau de chemin de croix en bois sculpté en bas-relief, peint et doré. Commencement du XVIe siècle.

On voit, au centre du tableau, Jésus pliant sous le poids de la croix. Il est vêtu d'une robe, dont le bord inférieur porte une inscription où l'on distingue les mots : « DEUS MUNDI. » Un soldat le précède en tenant à la main la corde qui entoure sa taille. Derrière marchent deux autres soldats, dont l'un tient un bâton et pose une main sur l'épaule de Jésus, et l'autre s'appuie sur la croix. Les murs crénelés de Jérusalem forment le fond du tableau.

Haut. $1^{m}05$. Larg. $0^{m}78$.

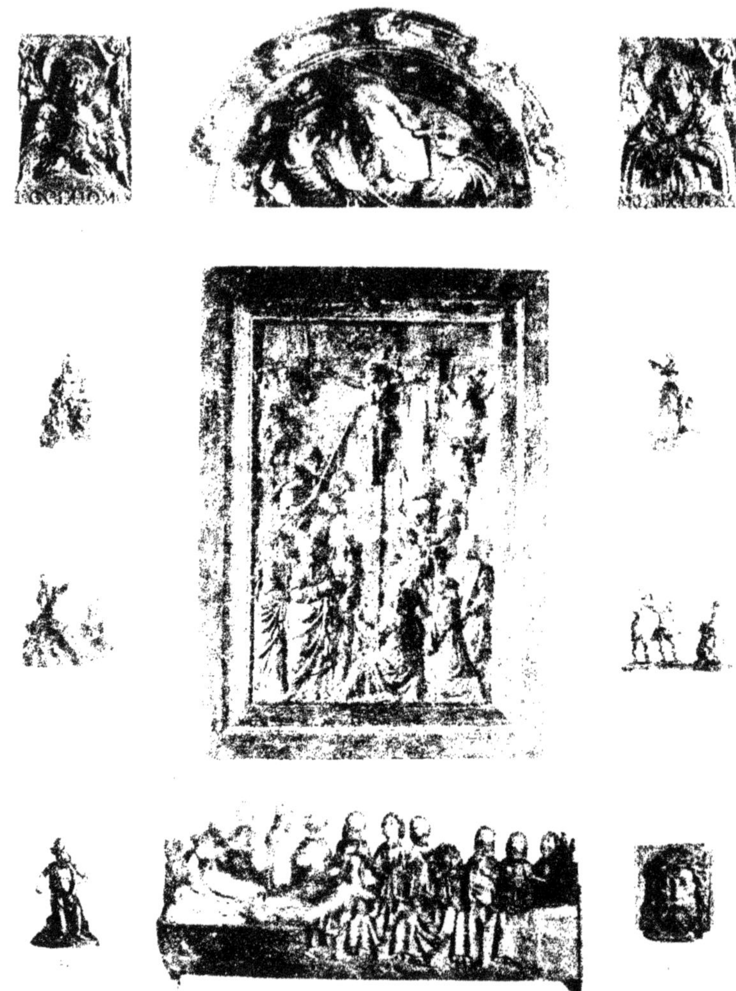

Sainte Barbe

111

74

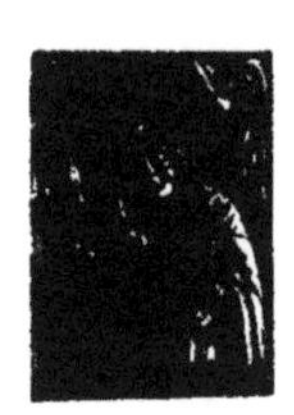

110

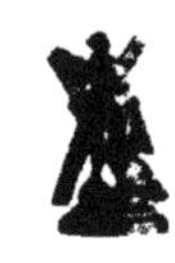

63

141

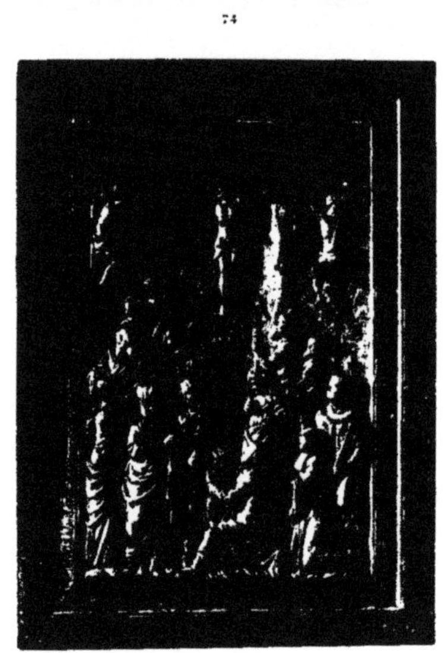

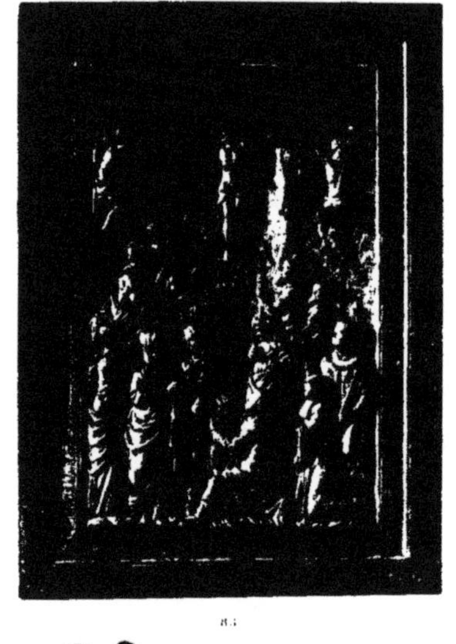

107

130

85

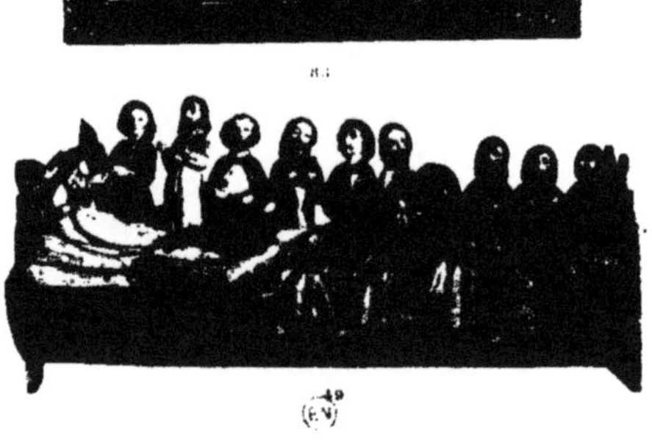

47

49

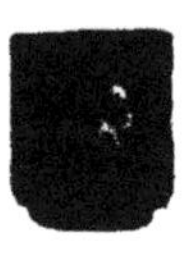

71

Phototypie Berthaud, Paris.

86 — **Le Père Éternel.** — Bas-relief sans fond en noyer. Italie (xvie siècle).

Le Père Éternel est représenté en buste sous la forme d'un vieillard à barbe et cheveux longs, la main gauche posée sur un globe et la droite levée et bénissant.

Haut. 0m49. Larg. 0m62.

87 — **Sainte Anne.** — Statuette en noyer peint et doré. Espagne (xvie siècle).

Elle est assise sur un siège sans dossier, le buste tourné de trois quarts à gauche, et tient dans ses mains un livre ouvert. Elle est coiffée d'un béguin court, sur lequel s'enroule une sorte de turban et porte, sur une chemisette bordée de dentelles, une robe richement ornée de dessins à fleurs et fruits, et par-dessus un grand manteau.

Haut. 0m62. Larg. 0m46.

88 — **Le Christ triomphant.** — Haut-relief en noyer peint et doré sur une porte de tabernacle. Espagne (xvie siècle).

Le Christ est debout, un pied posé sur une tête de chérubin et l'autre sur des nuages. De la main gauche, il tient un étendard, et de la droite il bénit.

Haut. 0m53. Larg. 0m36.

89 — **Tête de chérubin** avec les ailes déployées. — Applique en bois peint et doré (xvie siècle).

Haut. 0m26. Larg. 0m47.

90 — **Le Sacrifice d'Abraham.** — Bas-relief en bois peint et doré. Suisse (xvie siècle).

Isaac, les mains liées, est agenouillé sur un bûcher, près duquel flambe un feu. Abraham, en costume de l'époque de François Ier, lève sur lui un sabre qu'un ange saisit par la pointe. Dans un buisson apparait un bélier.

Haut. 0m73. Larg. 0m69.

91 — **Christ de Pitié.** — Panneau en noyer (xvie siècle).

Le Christ est représenté dans une niche, dont le plafond est en forme de coquille, avec le soleil et la lune dans les angles. Il a un manteau sur les épaules, la couronne d'épines sur la tête et les mains enchainées.

Haut. 0m80. Larg. 0m36.

92 — **Deux Plaques de dévotion** en buis. (xvie siècle).

Ces plaques sont découpées en forme de dauphin et devaient être reliées par une charnière, leur permettant de se replier l'une sur l'autre. Chacune a six médaillons, dans lesquels sont sculptés en relief les bustes des apôtres.

Long. 0m07.

93 — **Baiser de Paix** en noyer, avec traces de dorure. France (XVIe siècle).

En forme d'édicule, avec soubassement élevé, orné d'un écusson et sur lequel se dressent deux pilastres supportant un entablement surmonté d'un arc, au milieu duquel ressort une tête de chérubin. La partie centrale est occupée par un *Ecce Homo* à mi-corps et en demi-relief.

Haut. 0m22. Larg. 0m14.

94 — **Croix** en olivier sculpté sur les deux faces. Travail grec du Mont-Athos (XVIe siècle).

Sur une des faces sont représentés en bas et haut relief : l'Annonciation ; un Évangéliste assis et lisant ; la Nativité ; le Bain de l'Enfant ; la Présentation au Temple ; le Baptême de Jésus. Sur l'autre face : la Crucifixion ; le Christ aux limbes ; un Évangéliste ; la Transfiguration ; deux Évangélistes. Au total, plus de quarante personnages et un grand nombre de têtes.

Haut. 0m18. Larg. 0m12.

95 — **Cavalier sonnant du cor**. — Statuette en chêne, autrefois peint. France (XVIe siècle).

Sur un cheval, représenté de profil à gauche et qui se cabre, est monté un cavalier en costume de guerrier romain qui tient les rênes de la main gauche, et de la droite sonne du cor en se retournant.

Haut. 0m43. Larg. 0m34.

96 — **Jésus le Bon Pasteur**. — Statuette en chêne, autrefois peint. France (XVIe siècle).

Jésus, debout, porte un agneau sur ses épaules.

Haut. 0m29.

97 — **Guerrier romain**. — Statuette en chêne, autrefois peint. France (XVIe siècle).

Ce personnage est représenté debout, appuyant la main droite sur sa hanche et tenant une lance de la main gauche.

Haut. 0m31.

98 — **Pietà**. — Groupe en bois peint et verni. France (XVIe siècle).

Le Christ mort est étendu sur les genoux de la Vierge. Deux anges, représentés sous la figure de petits enfants, soutiennent, l'un la main droite, et l'autre les pieds du Christ. Ce groupe repose sur une terrasse hexagonale, ornée de moulures.

Haut. 0m23. Larg. 0,15.

99 — **Coffre de sacristie** en noyer sculpté, peint et doré. Espagne (xvie siècle).

La caisse rectangulaire, dont les coins sont ornés de pilastres cannelés, est surmontée d'un couvercle de forme prismatique, à deux rampants, terminé par une surface plane sur laquelle se détache en relief une double frise avec masques, fruits, etc. Les faces sont divisées en caissons carrés ou circulaires, dans lesquels sont peints le saint-ciboire, des anges, etc.

Haut. 0m71. Larg. 0m55. Long. 1m01.

100 — **Christ** en bois peint et doré. Suisse (xvie siècle).

Ce Christ, dont on remarque l'épaule déboitée et le flot de sang jaillissant de la blessure au flanc droit, provient d'une église du Valais.

Hauteur de la croix 1m04.
Larg. 0m62.

101 — **Miséricorde** en noyer (xvie siècle).

Elle est ornée d'une tête grimaçante.

Haut. 0m25. Larg. 0m32.

102 — **Sainte Anne et la Vierge adolescente**. — Groupe en bois, avec traces de peinture. Flandres (xvie siècle).

Les deux figures sont debout : la Vierge, la bouche entr'ouverte, lit un livre qu'elle tient de la main gauche; sainte Anne a la main droite posée sur l'épaule de la Vierge et semble lui donner une leçon.

Haut. 0m89.
Largeur au socle. 0m42.

103 — **Christ à la Colonne**. — Haut et bas-relief en noyer, dans un cadre (xvie siècle).

Le Christ debout, attaché à une colonne, est entouré de cinq personnages, savoir : trois soldats auxquels le sculpteur a donné des physionomies grotesques; saint Pierre et la servante qui lui demande s'il connait Jésus. Un coq est perché sur une colonne.

Cadre. Haut. 0m67. Larg. 0m52.

104 — **Christ**. — Bois peint. Espagne (xvie siècle).

Le corps du Christ est couvert de blessures d'où sortent des gouttes de sang en longs chapelets. Il a sur la tête une couronne de vraies épines.

Croix. Haut. 1m49. Larg. 0m83.

105 — **Une Sainte.** — Statuette-applique sans fond, en chêne peint et doré. Allemagne (XVIe siècle).

La sainte, debout et couronnée, tient un glaive de la main droite et un livre de la main gauche. Ses cheveux ondulés tombent sur ses épaules.

Haut. 1m08.

106 — **Un Saint Évêque.** — Panneau en noyer, sculpté en bas-relief. France (XVIe siècle).

Le saint est représenté à mi-corps. De la main gauche, il tient une crosse et de la main droite il bénit. Sa tête se détache sur une coquille. Des balustres forment cadre à droite et à gauche.

Haut. 0m66. Larg. 0m46.

107 — **Descente de Croix.** — Groupe-applique en bois, avec traces de peinture. Flandres (XVIe siècle).

Le corps du Christ est soutenu par saint Jean. A côté, la Vierge est prosternée, les bras croisés sur la poitrine.

Haut. 0m26. Larg. 0m27.

108 — **Un Roi Mage.** — Statue en bois peint et doré. Allemagne (XVIe siècle).

Il est représenté le genou gauche en terre et la main droite sur le cœur.

Haut. 0m63.

109 — **Saint Nicolas.** — Statue-applique en chêne peint et doré. Flandres (XVIe siècle).

Il est debout, tenant une crosse de la main gauche et bénissant de la droite. On voit à ses pieds trois enfants dans un saloir.

Haut. 0m98.

110 — **Mater Dolorosa.** — Panneau rectangulaire en bois, sculpté en bas-relief. Allemagne (XVIe siècle).

La Vierge, nimbée, est représentée à mi-corps, se détachant sur une draperie. Elle a les mains croisées sur la poitrine et porte une guimpe, un béguin et un manteau formant voile. Au-dessous, les mots : « MATER DOLOROSA ».

Haut. 0m47. Larg. 0m32.

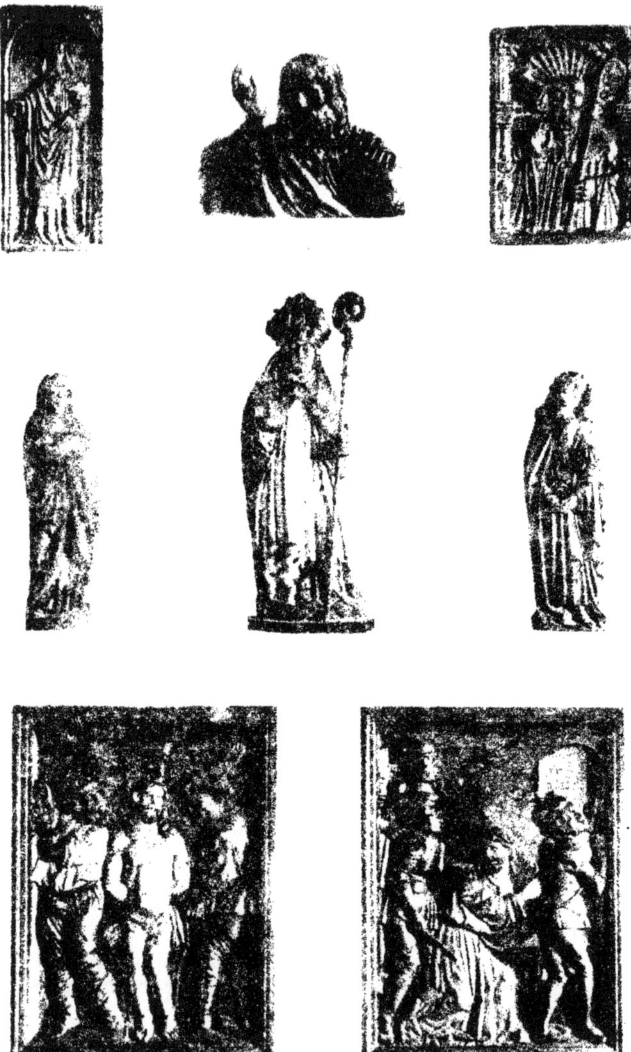

[illegible] **Une Sainte** [illegible]

[illegible]

[illegible] Saint Évêque [illegible]

[illegible]

Descente de croix [illegible]

[illegible]

[illegible] Vierge [illegible]

[illegible]

Saint Nicolas — [illegible]

[illegible]

Mater Dolorosa [illegible]

[illegible]

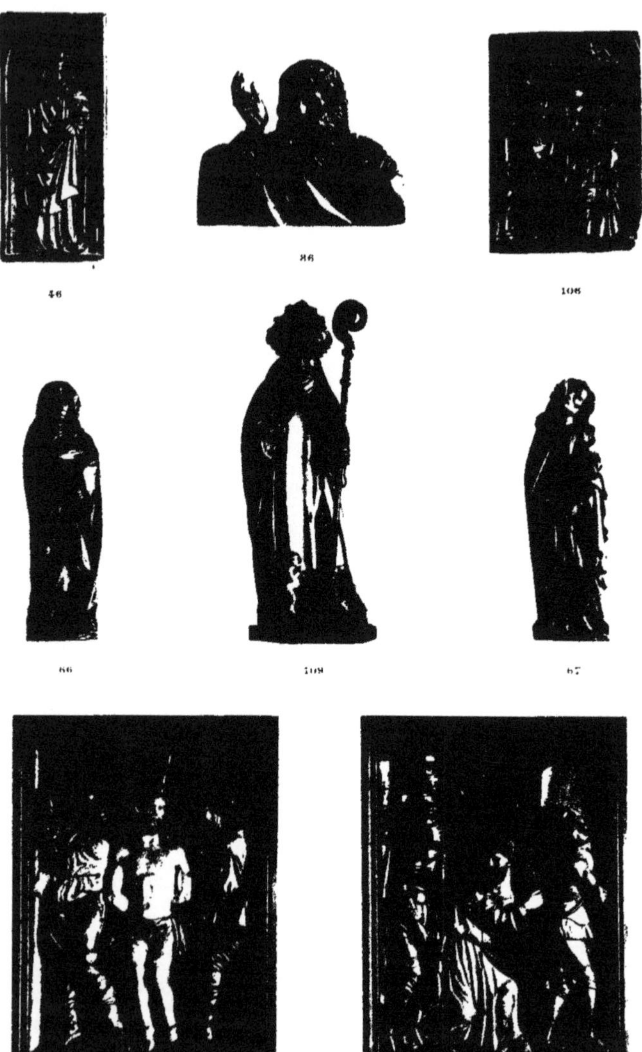

46 86 106

66 109 67

84 85

Phototypie Berthaud, Paris

111 — **Ecce Homo.** — Panneau rectangulaire en bois, sculpté en bas-relief. Allemagne (XVIe siècle).

Le Christ, nimbé et couronné d'épines, est représenté à mi-corps, les mains attachées, les épaules couvertes d'une sorte de manteau. Fond de draperies. Au-dessous, les mots : « ECCE HOMO ».

Haut. 0m47. Larg. 0m32.

112 — **Saint Maurice.** — Statuette en bois peint et doré. Suisse (XVIIe siècle).

Le saint est représenté en costume de guerrier romain. Il a la main droite sur le cœur, et de la gauche s'appuie sur un bouclier orné d'une croix. Cette statuette provient de l'abbaye de Saint-Maurice en Valais. Suivant la tradition, saint Maurice, tribun militaire, commandait la légion thébaine, sous le règne de l'empereur Maximien. Celui-ci fit massacrer toute cette légion en l'an 286, parce qu'elle se refusait à abjurer la foi chrétienne. L'abbaye de Saint-Maurice aurait été édifiée sur le lieu du massacre.

Haut. 0m72.

113 — **Sigismond, Roi de Bourgogne**, fondateur de l'Abbaye de Saint-Maurice. — Statuette en bois peint et doré. Suisse (XVIIe siècle).

Il est debout, couronné, et présente sur la main gauche une église. Il porte une cuirasse sur laquelle flotte un manteau à col de fourrure. Cette statuette provient de l'abbaye de Saint-Maurice (Valais).

Haut. 0m70.

114 — **Grand Retable.** Bois peint et doré (XVIe siècle).

Il est divisé en trois portiques, avec arcs à plein cintre, soutenus par des colonnes. Celui du milieu, plus élevé que les deux autres, est occupé par la scène du Calvaire. Celui de gauche par la Nativité, et celui de droite par la Résurrection.

Les figures sont en demi ou en haut-relief, et celles debout ont une hauteur de 32 à 36 centimètres.

La scène du Calvaire présente, dans la partie supérieure, le Christ et les deux larrons crucifiés. Aux pieds des croix, trois cavaliers, dont un couvert d'une armure très riche de seigneur du XVIe siècle, doit être le portrait du donateur. Au-dessous, un groupe composé de saint Jean, de la Madeleine et de deux autres saintes femmes, qui entourent la Vierge défaillante; un autre groupe est formé de deux soldats qui se disputent. Il y a encore trois autres personnages dont l'un porte un bouclier sur lequel est sculpté une tête de fou.

La Nativité montre, sous un auvent, l'Enfant Jésus étendu sur la crèche; devant lui, la Vierge et un berger sont prosternés, et saint Joseph et deux autres personnages le contemplent avec adoration. Au-dessus, apparaissent les têtes d'un bœuf et d'un âne. Dans le ciel, est peint un ange tenant une banderole, avec les mots : « GLORIA IN EXCELSIS DEO ».

Dans la scène de la Résurrection, Jésus est debout sur son tombeau, la main droite levée et bénissant. Cinq soldats, entourant le tombeau, font des gestes de terreur ou paraissent chercher à s'abriter d'une vive lumière.

Au-dessous des trois portiques, règne un soubassement, orné d'un panneau, sur lequel sont peints le donateur et les membres de sa famille, tous agenouillés, savoir : à gauche, un vieillard en costume civil, et devant lui, à la suite l'un de l'autre, par rang d'âge, ses huit enfants mâles. De même, à droite, la femme du donateur et ses six filles. Des croix peintes, au-dessus des têtes de dix des enfants, indiquent qu'ils n'étaient plus en vie au moment où le retable fut exécuté.

Haut. 1m90. Larg. 2m04.

115 — **Saint Pierre et saint Paul**. — Statuettes en bois peint et doré. Allemagne (XVIe siècle).

Ils sont debout, nimbés, la main gauche tenant un livre et la droite montrant le ciel.

Haut. 0m33 et 0m32.

116 — **Un Saint**. — Buste-reliquaire en bois, autrefois peint. France (XVIe siècle).

La tête, aux cheveux et à la barbe bouclés, est tournée de trois quarts à droite. La chemise est entr'ouverte sur la poitrine et un manteau est relevé sur l'épaule droite.

Haut. 0m72.

117 — **La Résurrection**. — Porte de tabernacle en bois sculpté, peint et doré. Espagne (XVIe siècle).

Le Christ, debout sur la pierre de son tombeau, fait de la main droite le signe de la bénédiction, et de la gauche, tient une croix. Trois soldats sont couchés près de la tombe.

Haut. 0m58. Larg., 0m27.

118 — **Un Saint Évêque**. — Statuette en bois peint et doré (XVIe siècle).

Le saint est représenté debout, en costume épiscopal. Il porte la main gauche à son cou.

Haut. 0m86.

119 — **Deux Grands Prêtres**. — Statuettes-appliques en bois peint et doré (XVIe siècle).

Ils sont debout sur des culs-de-lampe. L'un porte un calice, duquel sort l'agneau pascal, l'autre, les pains sans levain de la Pâque juive.

Haut. 0m68.

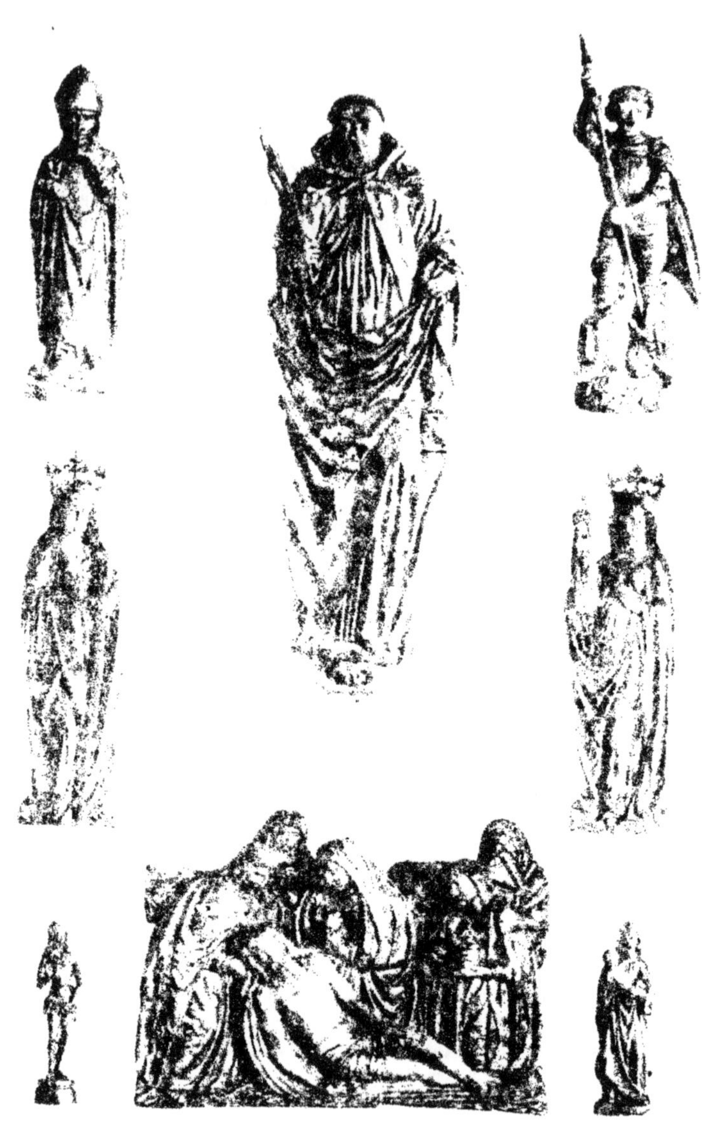

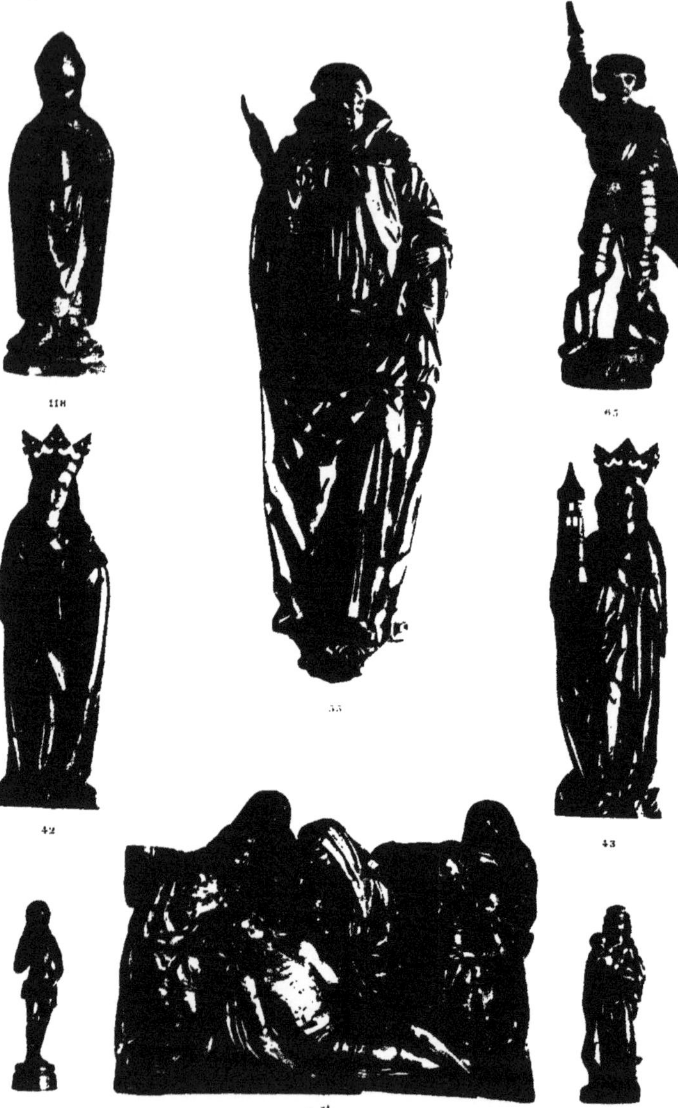

118 — 55 — 65

42 — 43

32 — 125 — 51

Phototypie Berthaud, Paris

120 — **La Vierge.** — Statue-applique en bois, autrefois peinte. Flandres (XVIe siècle).

Debout, la tête penchée de trois quarts à droite, elle porte un voile de religieuse et une longue robe flottante dont elle relève les plis de la main gauche.

Haut. 1m28.

121 — **Médaillon rond.** — Chêne sculpté et peint. France (XVIe siècle).

Au centre est représentée, en bas-relief, une tête grotesque d'homme, coiffée d'un bonnet de fou.

Diam. 0m20.

122 — **Nativité.** — Demi-relief en bois peint. Allemagne (XVIe siècle).

Sous un auvent, Joseph et Marie sont agenouillés devant l'Enfant Jésus, couché dans la crèche. On voit, à droite, un berger, à genoux, et son troupeau : dans les nuages, un ange portant une banderole.

Haut. 0m40. Larg. 0m60.

123 — **Christ au Tombeau.** — Statuette en bois peint (XVIe siècle).

Le corps du Christ, les reins ceints du perizonium, est étendu sur des linceuls qui drapent un catafalque.

Haut. 0m24. Long. 0m63.

124 — **Petite Chapelle portative à volets.** — Bois sculpté, peint et doré. Allemagne (XVIe siècle).

Au fond est représenté, en bas-relief, Jésus assis, entouré des instruments de son supplice.

Haut. 0m56.

125 — **Mise au Tombeau.** — Groupe en noyer peint et doré. France (XVIe siècle).

Le corps du Christ est étendu au premier plan. A gauche, saint Jean supporte la tête ; au centre, la Vierge, les mains jointes, contemple, éplorée, son Fils ; à droite, Madeleine, agenouillée, tient un vase de baume. A l'arrière-plan, deux autres femmes ont une attitude d'adoration et de douleur.

Haut. 0m82. Larg. 1m10.

126 — **Linteau de porte de chœur.** — Chêne sculpté en bas-relief. France (1576).

Sur une face sont représentées : au centre, les armoiries de France accostées de deux anges ;

à droite, une porte de château ; à gauche, les armoiries des Dauphins de France. Sur l'autre face : au centre, les armoiries de France, le mot CHORUS et la date de 1576 ; à droite et à gauche, les mêmes sujets que sur l'autre face.

Haut. 0m22. Long. 0m70.

127 — **Histoire de saint Jean-Baptiste.** — Quatre tableaux en noyer, sculpté en demi-relief, peint et doré. Espagne (XVIe siècle).

1. **Un ange annonce à Zacharie la naissance d'un fils.**

2. **Saint Jean-Baptiste au désert.** — Le saint est tourné vers une colombe (Saint-Esprit) de la bouche de laquelle sort une banderole, avec la légende : « PREDICA BAPTISMVM PENITEN ».

3. **Saint Jean-Baptiste devant Hérode.** — Le saint, entouré de deux soldats et de deux Pharisiens, est debout devant Hérode, qui tient à la main un sceptre et est assis sur un siège en X.

4. **Saint Jean-Baptiste en prison.** — Le saint est représenté, assis, dans sa prison, les pieds serrés dans un carcan attaché à une chaine. Il parle à deux de ses disciples, tandis que le geôlier, portant un trousseau de clefs, s'approche d'une fenêtre grillée.

Haut. 0m64. Larg. 0m65.

128 — **Diane.** — Statue en bois peint, attribuée à Jean Goujon. France (XVIe siècle).

La déesse est représentée debout et nue. Le poids du corps porte sur la jambe gauche et la jambe droite est repliée, le pied droit ne s'appuyant que sur la pointe. La tête est tournée à droite, de façon à se présenter de profil ; elle est légèrement baissée. Le bras gauche pend le long du corps et la main, repliée, devait tenir un arc. Le bras droit est levé et la main, qui dépasse le niveau de la tête, devait tenir une flèche.

Le socle est plat, rond et sans moulures.

On retrouve dans cette statue, toutes les caractéristiques des œuvres de Jean Goujon, aux Châteaux d'Anet et d'Écouen, à l'Hôtel Carnavalet, à la Fontaine des Nymphes, au Louvre (Musée et Palais) : Taille fine et élancée, longueur et pose des jambes, forme cambrée des pieds et facture des doigts, dessin des bras, pli accentué au bas-ventre, relief et hauteur des seins, longueur du cou, ovale du visage, petitesse de la bouche, profil grec, nez droit et long, forme des yeux ; tout, jusqu'au socle semblable à ceux des Cariatides du Louvre, dénote le ciseau de Jean Goujon. La pose générale de cette figure est une de celles qu'affectionnait le plus cet artiste. On la retrouve dans plusieurs bas-reliefs de la Fontaine des Nymphes et du Louvre.

Hauteur du sol au sommet de la tête, 1m64.

129 — **Adam et Ève.** — Deux hauts et bas-reliefs en bois peint et doré, encadrés. France, fin du XVIe siècle.

L'un représente, au centre, l'arbre de la science du bien et du mal, autour duquel s'enroule le démon, sous la forme d'un serpent, avec tête et bras humains. Ève, debout et nue, à gauche de l'arbre, présente une pomme à Adam, assis à droite.

L'autre représente, sous l'arbre de vie, un ange brandissant une épée et poussant Adam et Ève hors du Paradis.

Haut. 0m43. Larg. 0m35.

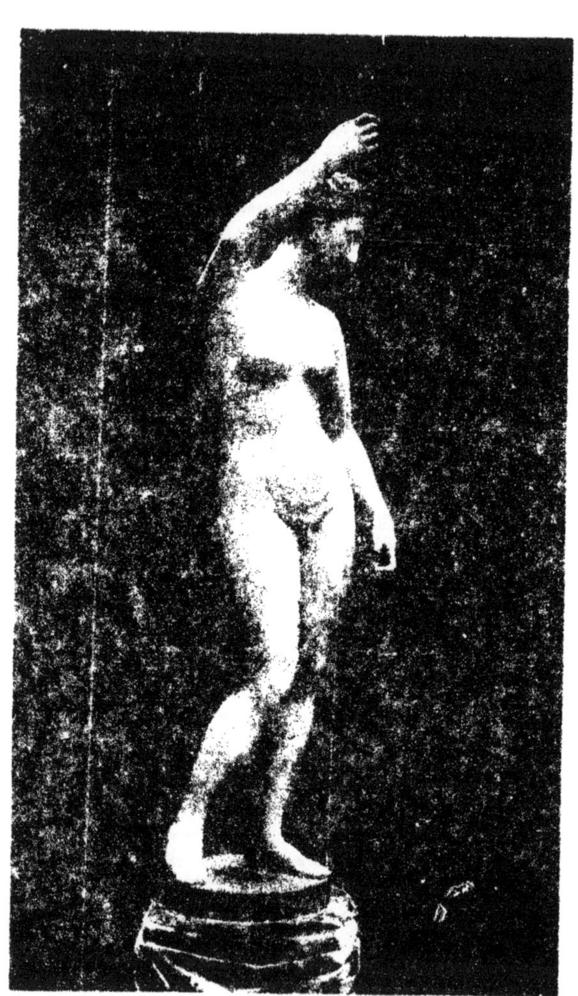

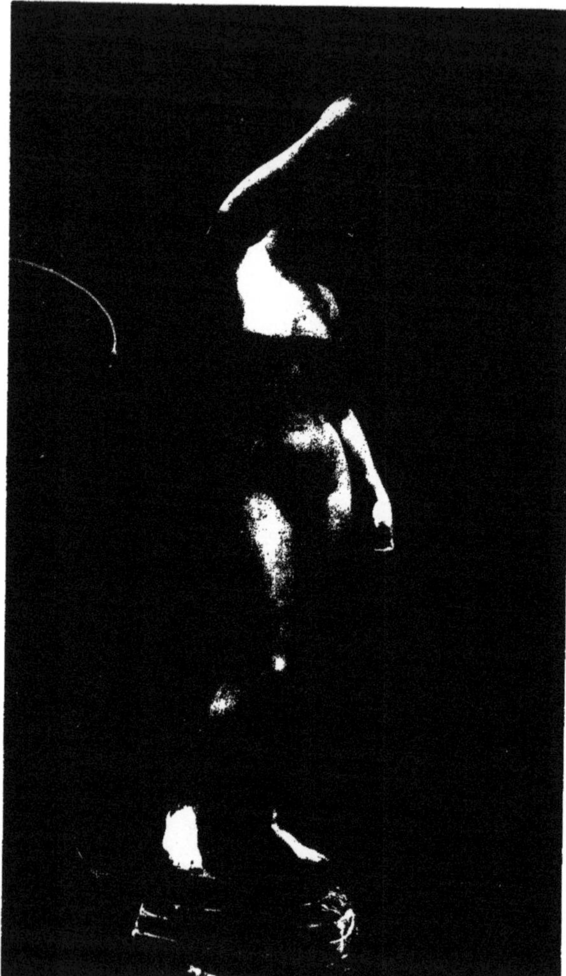

Phototypie Berthaud, Paris

130 — **Scènes de la Passion.** — Figurines en bois sculpté et peint. Allemagne, commencement du XVIIe siècle.

La Flagellation : groupe de trois personnages.
Le Couronnement d'épines : groupe de trois personnages.
Le Christ au Prétoire : groupe de cinq personnages.
Christ portant sa croix.
Le Christ cloué sur la croix : groupe de trois personnages..

Hauteur des personnages, 0m17 à 0m18.

131 — **Sainte Vilgeforte.** — Statue-applique en noyer peint et doré. (XVIIe siècle).

La Sainte est représentée, les bras étendus et les pieds croisés, dans l'attitude d'une crucifiée. Elle porte une couronne sur ses cheveux dénoués, qui retombent en grosses boucles sur l'épaule gauche, et est vêtue d'une robe ouverte sur la poitrine, à manches évasées, serrée à la taille par un corselet et une ceinture. Une sorte d'écharpe, retenue sur l'épaule gauche par une agrafe gemmée, tombe en flottant sur le devant du corps. Le socle est moderne.

Haut. 1m88.
Largeur d'une main à l'autre 1m30.

132 — **Coffret.** — Bois verni noir, avec peintures. Italie (XVIIe siècle).

Rectangulaire, avec couvercle à clef, à quatre rampants bombés, et plat sur le dessus, ce coffret est orné de peintures à l'huile, représentant des sujets tirés des Métamorphoses d'Ovide. La partie centrale du couvercle forme un second petit coffret, muni d'un couvercle à coulisse.

Haut. 0m185. Long. 0m23.

133 — **Christ triomphant.**— Demi-relief sur porte de tabernacle, en chêne, bombée et cintrée. France (XVIIe siècle).

Le Christ est représenté debout sur un cul-de-lampe, orné de feuilles d'acanthe. Les bras et les jambes sont nus, le haut du corps est couvert d'une cuirasse à l'antique et un grand manteau est relevé sur l'épaule gauche. De la main gauche, il montre la plaie de son flanc, et de la droite il tient le haut d'un étendard. Un petit ange nu, agenouillé à gauche, lui tend une branche de lauriers.

Haut. 0m49. Larg. 0m24.

134 — **Saint Antoine.** — Statuette en chêne peint et doré, sur socle carré, mouluré (XVIIe siècle).

Le saint est debout, vêtu d'une ample robe, ornée, devant et derrière, d'une bande avec rinceaux exécutés en niellé sur argent. Il porte sur la main gauche un livre ouvert, et la droite relevée devait tenir une clochette. Il a le front chauve et une moustache qui tombe sur sa poitrine. A ses pieds, l'animal qui lui sert d'attribut.

Haut. 0m37.

135 — **Deux Anges agenouillés**. — Statuettes-appliques en chêne, autrefois peint. France (XVIIe siècle).

Ils sont agenouillés, dans une attitude d'adoration, sur des socles représentant des nuages. L'un, tourné de profil à droite, a les mains jointes; l'autre, de profil à gauche, les a croisées sur la poitrine.

Hauteur de la tête à la base du socle 0m77.

136 — **Buste de Saint Évêque**. — Bois, autrefois peint et doré. France (XVIIe siècle).

Le saint a la tête nue, tournée de trois quarts à droite. Il porte une chape à bordure richement ornée. Le socle est décoré de têtes de chérubins.

Haut. 0m51. Larg. 0m41.

137 — **Un Christ**. — Buis sculpté et peint, dans une niche. Espagne (XVIIe siècle).

Les yeux du Christ sont en verre et les gouttes de sang en émail. La croix, en forme de tronc d'arbre, est peinte en nielle sur fond doré. L'auréole — avec cabochon en verre — et le titulus sont en argent.

Haut. 0m97. Larg. 0m49.

138 — **Vierge et saint Jean d'un Calvaire**. — Statuettes en bois peint et doré. Allemagne (XVIIe siècle).

Ils sont représentés debout, le visage en pleurs.

Haut. 0m35.

139 — **Saint Pierre et saint Paul**. — Bustes en bois, avec traces de peinture et dorure. France (XVIIe siècle).

Saint Pierre a la tête à moitié chauve et barbue, tournée de trois quarts à droite. Les épaules sont drapées, les mains jointes.

Saint Paul a la tête barbue et chevelue, tournée de trois quarts à gauche. L'épaule droite est nue; l'autre est drapée.

Les socles se composent de deux volutes adossées, terminées à leur partie inférieure par des griffes de lion formant support, encadrant un cartouche ovale, bombé, entouré de palmes.

Haut. 0m70. Larg. 0m47.

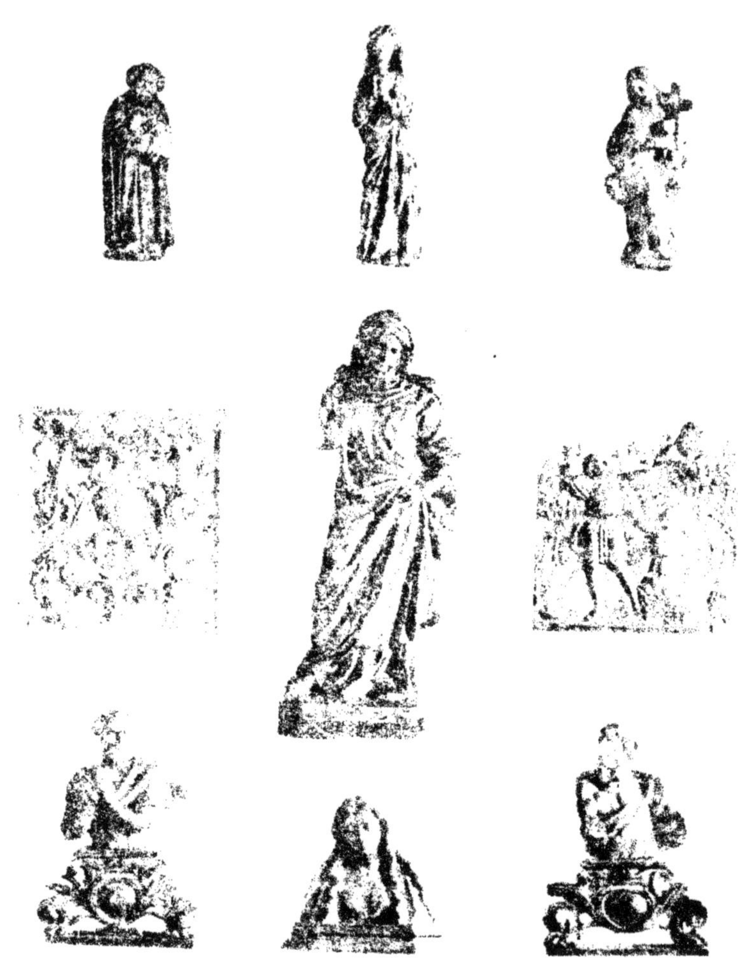

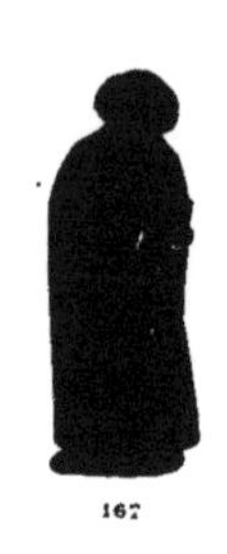

167

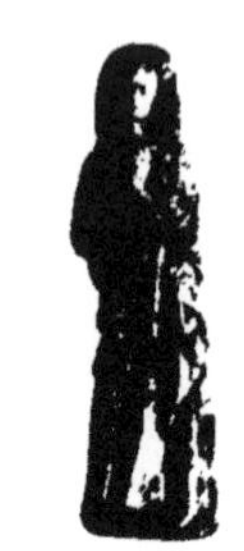

168

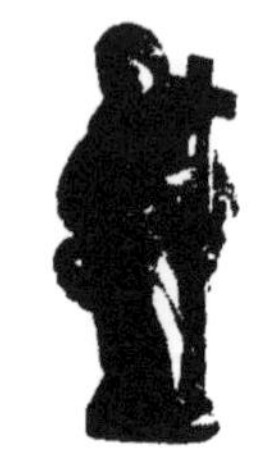

170

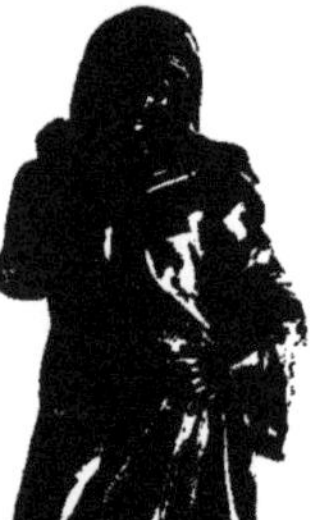

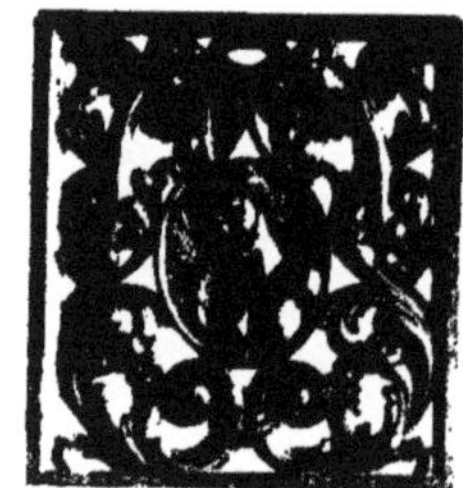

147

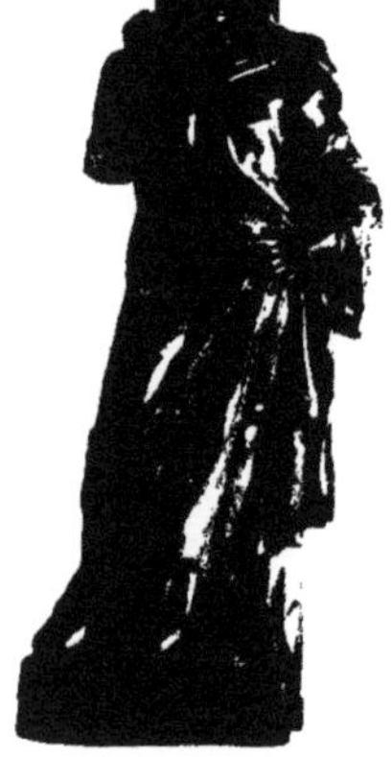

120

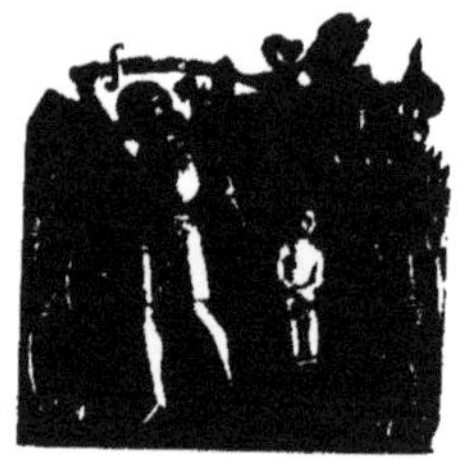

90

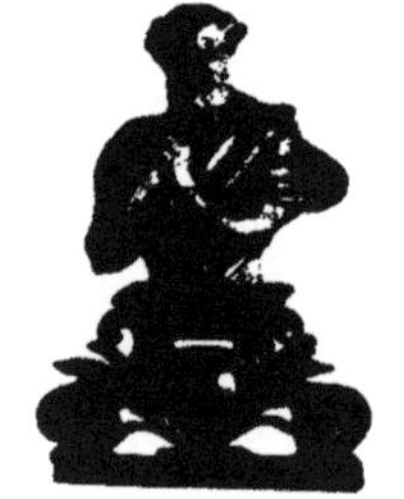

139

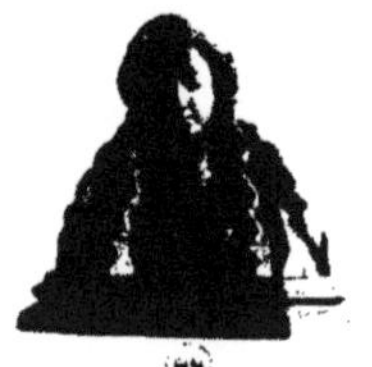

[illegible]

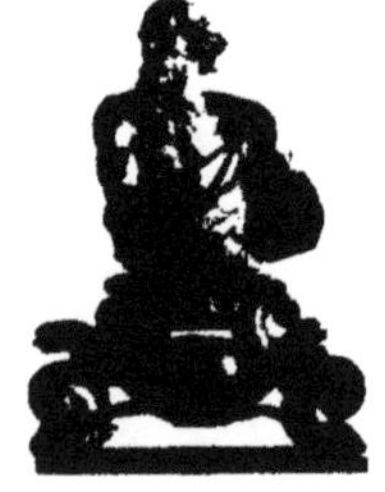

139

Phototypie Berthaud, Paris

140 — **Adoration des Mages**. — Haut-relief en bois peint et doré, dans un cadre. (XVIIe siècle).

Accompagnés d'un page tenant en laisse un cheval, les trois Rois Mages présentent des ciboires à l'Enfant que la Vierge, assise sous un portique, porte sur ses genoux. Saint Joseph est debout derrière elle.

Haut. 0m25. Larg. 0m39.

141 — **Saint André**. — Statuette en bois, autrefois peint. Italie (XVIIe siècle).

Le saint, debout, le torse et les jambes nus, porte sa croix en forme de X.

Haut. 0m2[illegible].

142 — **Saint Jérôme et un autre saint**. — Deux statuettes en bois peint et doré. — Allemagne (XVIIe siècle).

Saint Jérôme est agenouillé devant un crucifix brisé et tient, dans la main droite, une pierre.

L'autre saint est agenouillé, les mains jointes, contre un rocher, sur lequel est un livre ouvert.

Haut. 0m12 et 0m14.

143 — **L'Enfant Jésus**. — Assis sur un trône. Italie (XVIIe siècle).

L'Enfant est en bois peint, avec yeux en émail. Il est vêtu de soie brochée. Le trône, en forme de fauteuil à baldaquin, est en bois doré, recouvert de soie.

Haut. 0m5[illegible].

144 — **L'Apparition à saint Hubert du Cerf Crucifère**. — Groupe en bois peint, dans une vitrine. Allemagne (XVIIe siècle).

Dans un paysage, on voit saint Hubert agenouillé devant le Cerf Crucifère. Son cheval et trois chiens sont près de lui. Un renard dans un terrier, des oiseaux sur un arbre, paraissent contempler cette scène.

Haut. 0m41. Larg. 0m55.

145 — **La Vision de saint Paul**. — Groupe en bois peint, dans une vitrine. Allemagne (XVIIe siècle).

Sur un fond de paysage, on voit saint Paul, en costume de soldat romain, renversé de son cheval et étendu sur le sol. Dans les nuages, apparaît Jésus, tenant la croix de la main gauche et des foudres de la main droite.

Haut. 0m42. Larg. 0m55.

146 — **Christ à la Colonne.** — Bois peint et doré. Allemagne (XVIIe siècle).

Le Christ est à demi-couché, s'appuyant des deux mains sur le sol, comme s'il venait d'être renversé. Sa figure exprime une vive douleur.

Haut. 0^{m}18. Larg. 0^{m}32.

147 — **Panneau.** — Chêne sculpté, avec traces de peinture. Flandres (XVIIe siècle).

Le centre est occupé par un médaillon représentant, en bas-relief, un buste de Christ. Ce médaillon est entouré de grands rinceaux ajourés, de feuillages et de pampres stylisés, avec têtes de chérubins.

Haut. 0^{m}79. Larg. 0^{m}70.

148 — **Petit Meuble à bijoux.** — Allemagne (XVIIe siècle).

Sur la porte est peint le baptême de Jésus, au revers de la porte, des armoiries. A l'intérieur, il y a quatorze petits tiroirs. Serrure ancienne.

Haut. 0^{m}38. Larg. 0^{m}35.

149 — **La Vierge et l'Enfant Jésus.** — Groupe en bois peint et doré. Allemagne (XVIIe siècle).

La Vierge, debout, les cheveux dénoués tombant sur les épaules, soutient l'Enfant sur le bras gauche. Elle est vêtue d'une longue robe serrée à la taille et d'un manteau.

Haut. 1^{m}13.

150 — **Jésus le Bon Pasteur.** — Statuette en bois peint et doré, dans une vitrine (XVIIe siècle).

Jésus est représenté debout, portant un agneau sur ses épaules. La vitrine est ornée, au fronton, des lettres IHS, dans un médaillon.

Vitrine. Haut. 0^{m}32. Larg. 0^{m}21.

151 — **L'Enfant Jésus.** — Statuette en bois peint, habillée. Espagne (XVIIe siècle).

L'Enfant, qui bénit de la main droite, devait faire partie d'une crèche. Il est habillé en soie brochée, avec chaussettes en soie brodée et chaussures en peau gaufrée et ajourée.

Long. 0^{m}65.

152 — **Sainte Madeleine.** — Haut-relief, en bois peint (XVIIe siècle).

La sainte est agenouillée devant un crucifix, qu'elle entoure du bras gauche, tandis que de la main droite elle presse un mouchoir sur son cœur. Elle est placée dans une vitrine dorée, dont le fond est peint en paysage.

(Haut. 0m27. Larg. 0m20.

153 — **Saint Pierre**. — Haut-relief, en bois peint (XVIIe siècle).

Le saint est agenouillé devant un livre ouvert posé sur un rocher. Il joint les mains en serrant un mouchoir, et regarde un coq perché sur un arbre. Vitrine comme au numéro précédent.

Haut. 0m27. Larg. 0m20.

154 — **Saint Maximin**. — Statuette en bois peint et doré, dans une vitrine. Allemagne (XVIIe siècle).

Le saint, assis de face sur un ours, porte la main droite sur son cœur et tient, de la main gauche, un bâton de pélerin. Suivant la tradition, durant un voyage à Rome, l'âne porteur de ses bagages fut dévoré par un ours; mais le saint ordonna à ce fauve de remplacer la bête de somme et fut obéi.

Haut. 0m44. Larg. 0m30.

155 — **Autel**. — Bois peint et doré (XVIIe siècle).

Cet autel se compose d'une façade d'architecture, formée de deux colonnes torses posées sur des bahuts. Elles sont flanquées de consoles soutenant des statuettes de saint Pierre et saint Paul, et supportent un second étage d'architecture, orné d'un médaillon peint, représentant le Père Eternel, au-dessus duquel est placée une statuette de saint. A l'étage inférieur, entre les deux colonnes, est représentée, en peinture sur toile, l'Assomption de la Vierge.

Haut. 1m35. Largeur de la base, 0m62.

156 — **Petit Autel**. — Bois peint et doré. France, fin du XVIIe siècle.

La Vierge est debout dans une niche, ouverte au centre d'un édicule à trois pans, flanqué de pilastres, terminés à leur partie inférieure par des volutes. A la partie supérieure de la niche est figuré un pélican, nourrissant ses petits, au-dessous de deux têtes de chérubins.

Haut. 0m58.
Largeur à la base 0m52.

157 — **Christ** dans un cadre, orné de scènes bibliques. — Tableau en bois sculpté, peint et doré. Flandres (XVIIIe siècle).

Au centre se détache, sur un paysage, le Christ représenté en haut-relief sur la croix, au pied de laquelle s'enroule un serpent. Sur le cadre sont sculptés en bas-relief, dans des médaillons, à gauche : la Pâque juive, le Sacrifice d'Abraham, Jonas et la baleine; à droite, la Sainte Cène, le Portement de Croix, la Mise au tombeau. Entre ces scènes sont figurés les instruments de la Passion et autres objets s'y rapportant : un coq, le voile de sainte Véronique, la bourse de Judas, etc. Au sommet du cadre, le pélican symbolique, et au-dessous le serpent de Moïse.

Haut. 0m96. Larg. 0m63.

158 — **Tronc d'église**. — Bois peint et doré. Allemagne (XVIIIe siècle).

Il a la forme d'une urne à deux pieds, supportant un médaillon entouré d'ornements rocaille et représentant un saint moine tenant un lys. Au-dessus, un angelot porte la palme du martyre, et au sommet l'œil divin rayonne dans le triangle symbolique.

Haut. 0m63.

159 — **L'Archange saint Michel terrassant le Démon**. — Groupe en bois peint et doré sur un socle de style rocaille. Espagne (XVIIIe siècle).

Le saint ailé est représenté debout, foulant aux pieds le démon qu'il tient enchaîné et qu'il menace de son épée. Il porte, sur ses cheveux longs et frisés, une couronne en argent doré avec cabochons. Son vêtement est composé d'une riche tunique, à dessins vert et or, couverte d'une cuirasse et d'un grand manteau rouge.

Haut. 0m61.

160 — **Pendule**. — Bois doré. France (XVIIIe siècle).

Vénus, debout, porte le cadran sous le bras gauche et des fleurs dans la main droite. Près d'elle, à sa gauche, Cupidon debout tient un arc et une flèche. Manière de Falconet.

Haut. 0m67.

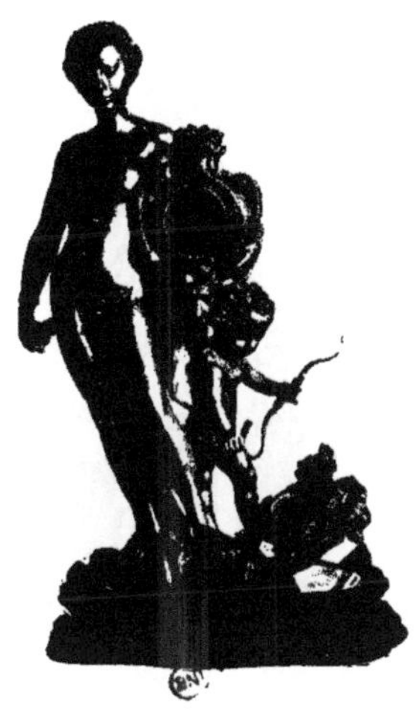

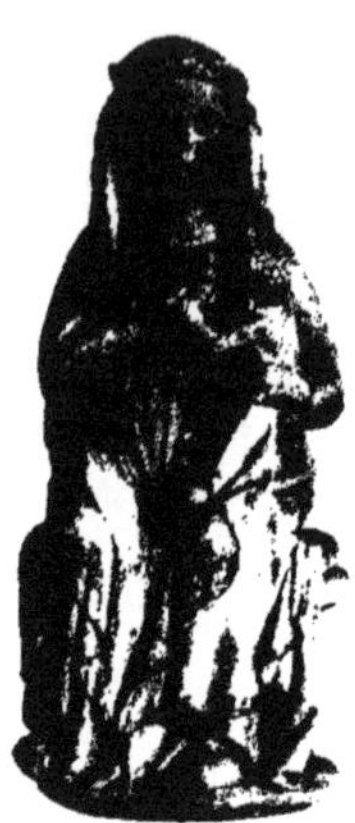

164

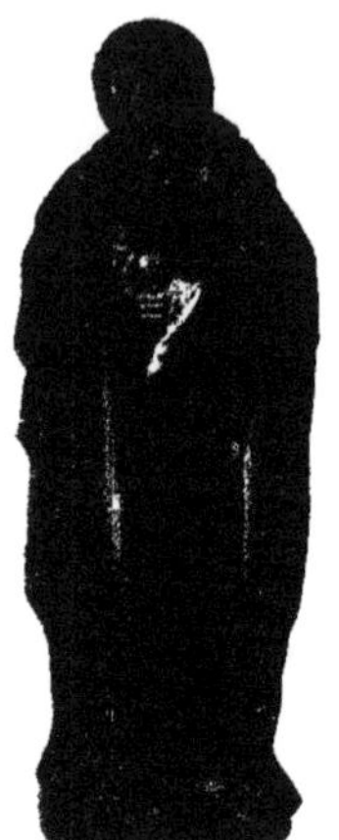

169

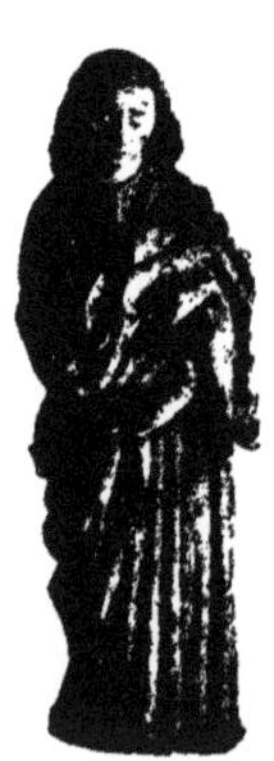

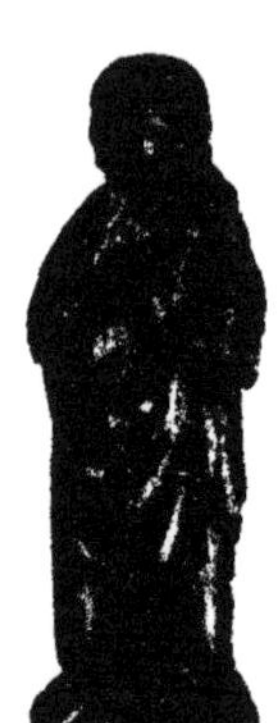

168

Phototypie Berthaud, Paris

161 — **Les Quatre Saisons**. — Statuettes en bois peint et doré. Allemagne, fin du XVIIIe siècle.

L'Hiver. — Personnage debout, vêtu à la russe, avec toque et manteau de fourrure.

Le Printemps. — Jeune femme debout, appuyée sur un arbuste en fleurs.

L'Été. — Femme debout, portant une gerbe de blé.

L'Automne. — Vendangeur tenant une grappe de raisin.

Haut. 0m27 et 0m29.

MARBRES, PIERRES

162 — **Le Christ bénissant**. — Statuette en marbre tendre, peint et doré. France (XIVe siècle).

Le Christ portant la couronne d'épines, surmontée d'un diadème avec nimbe crucifère, est assis de trois quarts à gauche sur un siège reposant sur un cul-de-lampe. De la main droite, il bénit à la latine.

Haut. 0m33.

163 — **Vierge de douleur**. — Pierre, avec traces de couleurs et dorures. France (XIVe siècle).

La Vierge est représentée debout, appuyée sur la jambe gauche et les mains jointes sur la poitrine, dans l'attitude de la prière. Elle porte un voile sur ses cheveux bouclés et est drapée dans un manteau dont un pan retombe en plis nombreux sur son côté gauche.

Haut. 0m56.

164 — **La Vierge et l'Enfant Jésus**. — Groupe en pierre, avec traces de peinture et dorure. Champagne (XIVe siècle).

La Vierge est assise sur un siège sans dossier, garni d'un coussin, et soutient de la main gauche l'Enfant Jésus, qui saisit avidement le sein que sa mère lui présente de la main droite. Elle est vêtue d'une robe longue, à manches étroites et à bordure gemmée, retenue à la taille par une ceinture. De ses épaules tombe un manteau, dont un des pans enveloppe l'Enfant. Elle porte sur la tête un voile que ceint une couronne.

Haut. 0m82.

165 — **Pietà, sainte Madeleine et saint Jean**. — Groupe en pierre, avec traces de couleurs. Champagne, commencement du XVe siècle.

Ce groupe est en trois pièces : au centre, la Vierge, assise sur un tertre, vêtue de long et voilée, le buste et la tête inclinés vers la gauche, supporte sur ses genoux le corps du Christ. A droite, la Madeleine debout, les mains croisées sur la poitrine, la tête, couverte d'un voile, penchée à gauche, les cheveux retombant sur les épaules, porte un vase de baume sur le bras gauche. A gauche, saint Jean debout, les mains jointes, la tête bouclée inclinée à droite, tient un Évangile sous le bras droit.

Pietà. Haut. 1m03. Larg. 0m68.
Madeleine. Haut. 0m90.
Saint Jean. Haut. 0m90.

166 — **La Vierge et l'Enfant Jésus**. — Groupe en pierre, avec traces de couleurs. France (XVe siècle).

La Vierge couronnée est représentée debout, tenant sur le bras droit l'Enfant Jésus dont la tête manque.

Haut. 0m63.

167 — **Saint Pierre**. — Statuette en pierre peinte et dorée. France (XVe siècle).

Debout, la tête nue tournée de trois quarts à droite, le saint présente, de la main gauche, un livre ouvert, sur lequel on lit un reste d'inscription latine. Il tient une clef de la main droite. Son vêtement se compose d'une longue tunique, serrée à la taille par une ceinture, et d'un manteau en forme de chape, retenu sur la poitrine par un mors.

Haut. 0m46.

168 — **Sainte Anne**. — Statuette en pierre peinte et dorée. France, commencement du XVIe siècle.

Elle est représentée accroupie, les jambes croisées, et tenant, sur ses genoux, un livre ouvert.

Haut. 0m39.

169 — **La Vierge et l'Enfant Jésus**. — Groupe en pierre, avec traces de peinture et dorure. Champagne (XVIe siècle).

La Vierge est représentée debout, tête nue, les cheveux dénoués tombant sur les épaules des deux côtés du visage. Elle est vêtue d'une longue robe, d'un grand manteau drapé sur le bras et qui descend en larges plis jusqu'à terre; enfin d'un voile ou fichu, qui couvre la nuque et retombe sur la poitrine. Elle porte de la main droite et soutient, de la main gauche, l'Enfant Jesus, vêtu d'une tunique. La tête de l'Enfant a été anciennement rapportée.

Haut. 1m11.

170 — **La Foi**. — Statuette en marbre tendre. France (XVIe siècle).

La sainte, debout, entoure du bras gauche une grande croix et tient, de la main droite, un calice. Elle est vêtue d'une robe flottante, relevée au-dessus du genou gauche par une agrafe et laissant voir le pied chaussé d'une sandale.

Haut. 0m47.

171 — **La Vierge et l'Enfant Jésus.** — Groupe en marbre tendre, avec dorures, dans une vitrine. France, commencement du XVIIe siècle.

La Vierge, assise, le pied droit posé sur un croissant de lune, vêtue et coiffée à la façon d'Anne d'Autriche, tient, sur ses genoux, l'Enfant nu, qui saisit un fruit que lui présente sa mère.

Vitrine. Haut. 0m30.

172 — **Louis XIV.** — Médaillon ovale en marbre. France (XVIIe siècle).

Buste en bas-relief, sur fond concave. Louis XIV est représenté de trois quarts à droite, revêtu d'une armure ornée de fleurs de lys. En légende sont gravés les mots : « Louis le Grand Roy de France ». Les armoiries de France, entre deux branches de chêne, couronnent ce médaillon.

Haut. 0m47. Larg. 0m32.

MÉTAUX VARIÉS

173 — **Christ.** — Bronze doré. France (XVe siècle).

Haut. 0m19.

174 — **Croix processionnelle.** — A deux faces, en cuivre repoussé, ciselé et doré, avec intérieur en noyer (XVe siècle).

Un Christ, en bronze ciselé et doré, est rapporté au centre d'une des faces. A l'extrémité des bras de cette face sont figurés à gauche et à droite : la Vierge et saint Jean, au-dessus un ange et au-dessous Marie-Madeleine ; sur l'autre face : au centre, Dieu le Père, et à l'extrémité des bras, les symboles des Evangélistes.

Haut. 0m65. Larg. 0m38.

175 — **La Nativité.** — Tableau en cuivre repoussé et ciselé. Italie (1589).

Devant un portique, sur la frise duquel figurent les mots : GLORIA IN EXCELSIS DEO. on voit la Vierge et les Bergers en adoration devant l'Enfant Jésus étendu dans la crèche. Un fût de colonne porte la date de 1589.

Cadre. Haut. 0m29. Larg. 0m23.

176 — **Sainte Famille**. — Plaquette en bronze ciselé et doré. Italie, fin du XVIe siècle.

La Vierge allaite l'Enfant Jésus ; à côté d'elle, saint Jean-Baptiste, enfant, avec son agneau ; derrière, sainte Anne ; au fond, un paysage. En soubassement, une tête de chérubin, entre des rinceaux.

Haut. 0^m^16. Larg. 0^m^11.

177 — **Moule à beurre**. — En étain, représentant Jésus et la Samaritaine. Suisse (XVIe siècle).

Diam. 0^m^17.

178 — **Crucifix**. — France (XVIIe siècle).

Sur une croix, en bois noir, est appliqué un décor en argent repoussé et ciselé, sur lequel se détache un Christ également en argent. Le socle, à six pans, est orné d'une tête de chérubin et du pélican symbolique.

Haut. 0^m^46. Larg. 0^m^22.

179 — **Bénitier**. — Argent repoussé et ciselé (XVIIe siècle).

Un ange, en haut-relief, s'enlevant d'un nuage au milieu d'un écusson, tient de la main droite un goupillon, et de la gauche une chainette, à laquelle est suspendu un seau pour l'eau bénite.

Haut. 0^m^37. Larg. 0^m^15.

180 — **Pendant de cou**. — Or émaillé. Suisse (XVIIe siècle).

Ce bijou, en forme de médaillon à deux faces, se compose d'une monture en or, décoré au pourtour de fleurettes et au sommet d'un masque de chérubin. A l'intérieur, sous verre, est renfermée une plaque d'or émaillé, représentant en bas-relief : d'un côté, le Christ sur la croix, au pied de laquelle se tiennent la Vierge et saint Jean ; de l'autre, une sainte.

Haut. 0^m^07. Larg. 0^m^05.

181 — **Crucifix**. — En ébène et écaille sur fond rouge, avec Christ en bronze doré. France (XVIIe siècle).

Haut. 0^m^86. Larg. 0^m^31.

182 — **Lampe-suspension d'église**. — En cuivre repoussé, ciselé et argenté. Commencement du XVIIe siècle.

Haut. totale 1^m^37.

183 — **Épée de cour.** — Époque Louis XIV.

La coquille et la poignée, en fer ciselé à fond incrusté d'or, sont ornées de rinceaux. La lame porte gravées au burin sur ses deux faces : au talon, des arabesques, et, de là à la pointe, les figures des douze apôtres debout et portant leurs attributs, dont six sur chaque face, avec leurs noms en latin.

Long. 0m90.

184 — **Porte de tabernacle.** — En cuivre repoussé, gravé et doré. France (XVIIIe siècle).

Deux anges, agenouillés à gauche et à droite sur des nuages, soutiennent des deux mains un calice, au-dessus duquel rayonne la Sainte-Hostie, entourée de nuages où apparaissent des têtes de chérubins.

Haut. 0m39. Larg. 0m20.

TAPISSERIES, BRODERIES

185 — **La Vierge et l'Enfant.** — Broderie byzantine ou vénitienne, dans un cadre.

La Vierge nimbée, assise sur un trône à haut dossier, tient, sur son genou gauche, l'Enfant Jésus nimbé. Elle est brodée en soie de couleur et argent, au point de chaînette, sur un fond en soie verte. Des deux côtés de la tête de la Vierge sont brodés, dans des cercles, les monogrammes MP et ΘY.

Haut. 0m40. Larg. 0m[illegible].

186 — **Calvaire.** — Broderie en soie et or, sur fond de velours rouge et vert, dans un cadre. Fin du XVIe siècle.

187 — **L'Annonciation.** — Tapisserie rectangulaire. Flandres (XVIIe siècle).

Une couronne de feuillage et de fleurs : tulipes, roses, œillets, etc., avec papillons aux deux coins supérieurs, encadre un médaillon rond où est représentée l'Annonciation. On voit à droite : l'ange Gabriel qui adresse la parole à la Vierge, assise à gauche devant une table; entre elle et l'ange se trouve un vase, d'où s'élève une tige de lys, symbole de la Virginité. Dans le Ciel, le Saint-Esprit, sous la forme d'une colombe, descend vers Marie.

Haut. 0m52. Larg. 0m58.

188 — **L'Annonce aux Bergers.** — Tapisserie de la même suite. (Voir no 187).

Au milieu d'un groupe de cinq bergers, avec un mouton et une chèvre, paraît un ange dans une auréole de lumière. De la main droite, il leur fait signe de se lever, et de la gauche leur montre l'horizon.

Haut. 0m52. Larg. 0m57.

189 — **Les Rois Mages devant Hérode.** — Tapisserie de la même suite (Voir n° 187).

Dans une salle à colonnes, Hérode, revêtu d'un riche costume et coiffé d'un turban surmonté d'une couronne, reçoit les trois Rois Mages qui se tiennent debout devant lui.

Haut. 0m29. Larg. 0m52.

190 — **La Circoncision.** — Tapisserie de la même suite (Voir n° 187).

Au premier plan, deux personnages, assis l'un en face de l'autre, circoncisent l'Enfant Jésus. Au second plan, on voit : à gauche, la Vierge et saint Joseph ; au centre, deux prêtres derrière une table d'autel portant un livre ouvert ; à droite, un officiant qui tient un cierge allumé.

Haut. 0m52. Larg. 0m58.

191 — **La Présentation de Jésus au Temple.** — Tapisserie de la même suite (Voir n° 187).

Saint Siméon, debout dans le Temple, prend dans ses bras l'Enfant Jésus. Devant lui se tiennent la Vierge et saint Joseph. Aux pieds de la Vierge, on voit les deux tourterelles qu'elle a apportées comme offrande.

Haut. 0m29. Larg. 0m52.

192 — **Buste de Christ.** — En tapisserie des Gobelins, dans un cadre. France (XVIIe siècle).

Le Christ nimbé, les cheveux bouclés tombant sur ses épaules, fait de la main droite le signe de la bénédiction.

Haut. 0m57. Larg. 0m49.

193 — **L'Extase de saint Augustin.** — Broderie sur soie, avec figures peintes sur satin, dans un cadre. France (XVIIe siècle).

Le saint, en costume de gentilhomme, est assis sous un arbre dans un jardin. Il a la main sur un livre ouvert. Un ange paraît dans le Ciel et lui adresse les mots : « Prenez, lisez ; prenez, lisez ». Trois femmes, richement vêtues, marchant sur un nuage, et, représentant la Foi, l'Espérance et la Charité, lui tendent des palmes.

Haut. 0m29. Larg. 0m33.

Un seule jour de vente [illegible] 12.815 francs

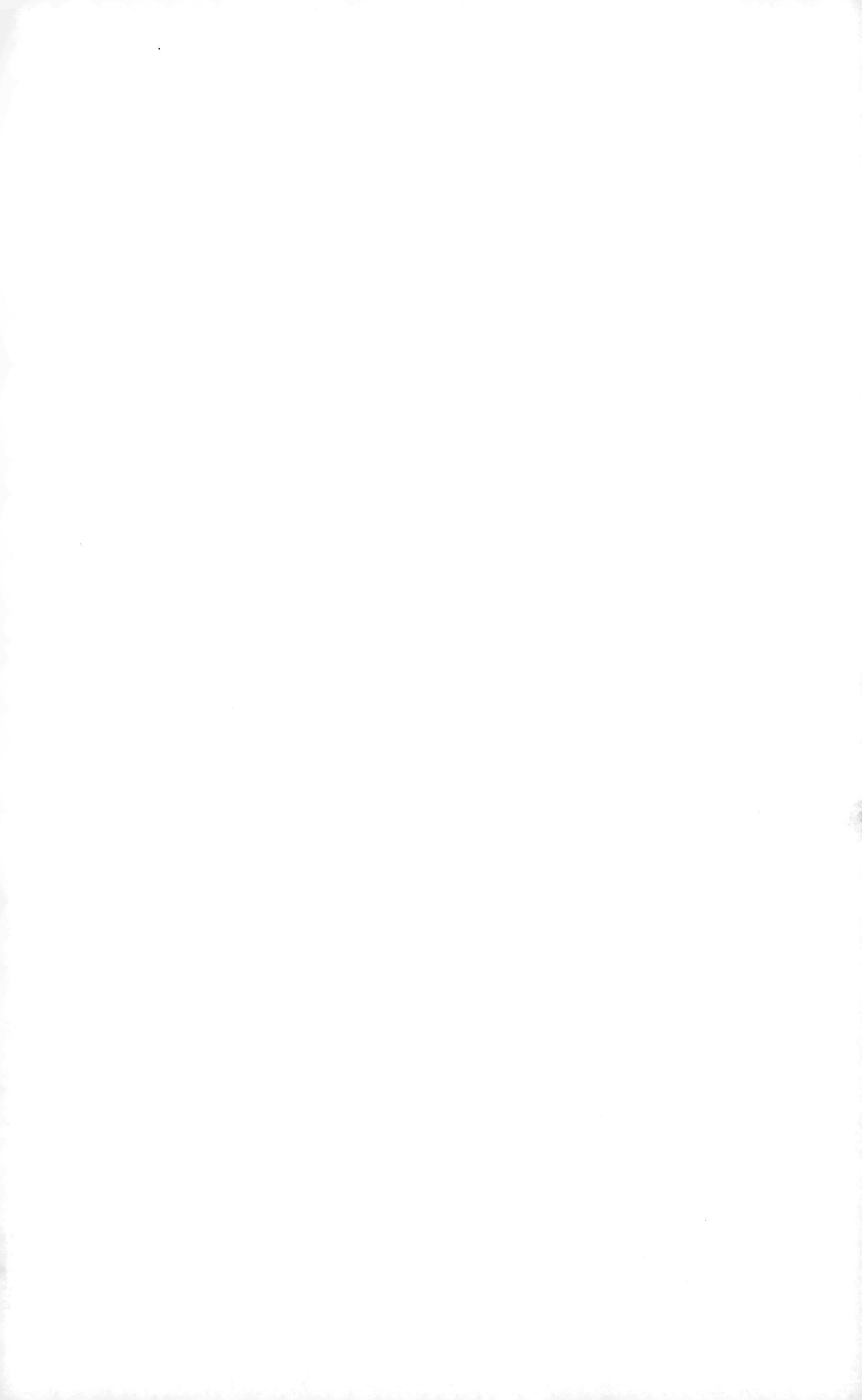

www.ingramcontent.com/pod-product-compliance
Ingram Content Group UK Ltd.
Pitfield, Milton Keynes, MK11 3LW, UK
UKHW020342180726
13839UKWH00002B/864